画说西善

走进西舟桥老街，仿佛时光倒流似的，阳光洒上墙头地面里，慢慢让意爱走过场。走下来的那份静谧，是那亭的。

再看桥老街，曾经周围这里，多少曾上历史，带来许多新的新孤独成为许你念，老街没有城市的老虎仁美身价对店家东西价位，银行等人们建这里有那多了小鲜现在的于巷道无尽的，热闹非凡，又是甘蔗，姓家百年营，万年博古吐，漫这街店，必要豁达的。万来镇长居，燕喜街在街也是那古通的在南下洗处，一面你上一面你下，她势价故净，她征的葛店都有先踪迹。

南京有从"一"到"万"的地方：一人巷、二水亭、三坊巷、四根杆子、五府园、六度庵、七贤街、八角井、九儿巷、十间房、百步坡、千佛庵、万芝桥。可惜这些地名大部分已经消失，包括花露岗的"七贤坊"。如今在西善桥辖区内有条路名叫"七贤街"，三个楷体金色大字刻在犹如"宫墙"的高大墙壁上十分醒目。前面一排姿态各异的大树仿佛在述说着历史……

我们的校园是古老的学校,德国时期名为
xx学,当年在青岛地区也算好的,据地说在
此地。出着义工过及陈天相动了皇帝,绍兴绍迈出来
老师协兄们被来扩大,从此为半公为青岛你地
已不可省以此地孩为当时好地皇陵给了南节,也
北辽如今,街道在东南建起了许多校止,面
远是同丰坏静。这里这成了协区,私了让中东房
居室给老组,但是把三省莠考慰心却正改协
科技连旧区协会服,可这也是荑多名者这叉也

我在台时停下观摩好久脑动笔画下,画中
包'少女,掌菁孩子的妈妈,胡同士女有一两
横荔吗,破虫公函戏路如正为还花我此嘉
政事丘汾庄似了事匠。

春夏秋冬年复一年，路上的行人换了一拨又一拨，只有梧桐树在路的两旁静默相守，用生命诠释"城是南京城，树是梧桐树"的专属浪漫。

这里要介绍的一处林荫大道，地点就在西善桥街道梅山工业区。从西善桥街道社区卫生服务中心出发，顺嘉油新路向南，路过梅山医院门前的三岔路口左右弯头大鸟"银色雕塑"，跨过春江新河上的梅山桥，眼前就是梅山林荫大道。

画说西善

蔡震 绘著

江苏凤凰美术出版社

居善地,心善渊,与善仁,言善信,政善治,事善能,动善时。

——老子

在任何事物中,美和善二者的本质特征都是相符的,因为它们正是建立在同一形式的基础上,所以善被我们颂扬为美。

——托马斯·阿奎纳

序

作为南京资深的文学记者,蔡震和我们江苏的作家始终是"密接"的,他和我们的许多作家都保持着良好的和长期的职业关系。职业关系,这个说法当然有点冷血,如果你没有足够的冷血,职业关系也会变。最终,你们会成为敞开心扉的朋友。

和所有的记者一样,蔡震的目光是聚敛的,甚至有些亮。在你和他说话的时候,他的目光会紧紧地盯着你。后来我才知道,蔡震的聚精会神还有另外的一层含义,他是画家。他在观察光与影,他在把握你面部的肌理,也许还有骨骼。这是"有画为证"的,——蔡震差不多为他所采访过的作家都留下了人物肖像。我估计,哪一天他高兴了,他也许会举办一个作家肖像展。想想吧,我们这些被称作作家的家伙都要被蔡震弄到框里去,弄到墙上去。然后呢,然后当然就挂了。

蔡震真的要举办画展了。谢天谢地，不是作家的人物肖像。蔡震这一次的画展有点特殊，他来了一次"非虚构"，也就是写生。蔡震把他的画笔一竿子插到了一个"很南京"的地方，雨花台区的西善桥。谁还不知道西善桥呢？！那里曾经是金陵的风雅地，人们在那里设宴、作诗、折柳、送别。再见吧朋友，天路迢迢，残阳如血，且让我把栏杆拍遍，一夜雨花满秋池。

但是，换了人间。蔡震是敏锐的，他在今日的西善桥徜徉。他拿起了他的画笔，他在这里"速写"，那些远古的痕迹，那些正在生长的风景，他要用他的手把它们留下来。他没有选择"印象"，他是实打实的，他来不及喟叹，他不渴望抒发。那些内心的曲曲折折就留给别人吧，蔡震要做的，是记录。欲知庐山真面目，只缘身在此山中。

在2022年的春节前夕，我和蔡震相聚在我家楼下的一间咖啡馆里。蔡震把他的作品差不多都带来了。我注意到了，蔡震是全身心投入的，画稿上的日期在清清楚楚地告诉我，他几乎一日一幅。换句话说，他一日一西善，从无停息。街道，小巷，角落，公园，广场，社区，学校，书店，厂房，河岸，火车道，还有面馆，肉铺，水果摊。老实说，蔡震完全可以选择摄影的。但是，他放弃了。他渴望抚摸，他渴望西善的一切都能伴随着他的体温与指纹，这才是蔡震所渴望的"现实"。目光是可以虚构的，但是，当目光打上了蔡震的体温与指纹之后，历史的西善与未来的西善都可以放在一边，这里的西善首先是蔡震的西善。唯有个人的才是历史的。

我发现蔡震最为敏感的依然是人。严格地说，那些运动在或静止于生活场域的普通人，他们的一举一动无不与生活的具体形态相关。蔡震选择了勾线加淡彩的艺术表达方式，他用他无所不能的线条展现了日常与众生。他们在行走，有目的或者无目的；他们也思索，讨价还价或者针对一盘象棋的残局；他们是有心的，也无心；一些人戴着口罩，一些人没戴口罩。广场舞，那些着地或不着地的脚后跟，那些渴望远方的指尖。还有树，还有狗。

对了，请允许我跑一下题，说一下和画作毫不相干的一件事。就在蔡震向我展示作品的间隙，蔡震告诉我说："我退休了。"这是一句普普通通的家常话。其实，这句话一点也不普通，它牵扯我和蔡震10多年前的一次闲聊。也许有15年了吧，那时候我刚刚从欧洲回来。就在我家的阳台上，我和蔡震聊起了"文学记者"。我说：在许多国家，文学记者的年纪都非常大，他们做这件事也许都做了一辈子了。——可我们呢，我们的文学记者永远都是年轻人，到了他们最好的时候，他们就离岗了。我记得的，蔡震吸了一口烟，对我说："毕老师，我会做到退休。"是的，蔡震做文学记者做到了退休。这很了不起么？我不知道。但是，作为一个作家，我想说：蔡震这个文学记者很了不起。

再一次把话题扯回来。——美术界会如何看待蔡震的作品呢？作为一个外行，我不冒充内行。但是，作为一个南京的市民，我想说：蔡震为我们的南京留下了一份无限珍贵的礼物。他是那样地热爱南京，这样一种日常的和绵延的情感，也很了不起。

毕飞宇

2022年春于南京龙江

西善行

走 南 京　看 西 善

河西南岸建起了一座新城
高楼林立,道路宽阔
山峦越过眼帘,绿草拂过脚面
七贤公园
白家山名人铭园
永盛奥林匹克体育公园
星罗棋布,串珠成线
这里森林葳蕤,文脉荟萃
古圣先贤留下了丰厚遗产
秦淮河水从这里融入大江
水不留影,影不留年
遥远的典故从雨花腹地传向四面八方
看,阳光照耀在西善桥的两岸
听,打桩机的轰鸣声响彻工地
漫步原野,环绕群山
有太多好奇想要去探寻
走,我们去河岸,去桥下
到水边,去收拾脚印
我们结伴,继续前行

读 历 史　增 底 蕴

岱山脚下雾锁亭
古道驿风马蹄急
仿佛看见诗人李白在这里驻足道别
流连在金陵碑刻书法长廊
感受着中华文化博大精深
以文化投石，问路文旅产业
艺术小景为城市增添情趣与活力
六朝金粉地
风水传佳话
汉白玉群雕气势恢宏
曾经闻名世界的砖画出土于这片宝地
如今竹林七贤从画像砖里走来
人与自然完美融合
绿地游园因此有了魂
啊！西善桥
历史积淀了你的厚重
河水阻挡不了你博大的胸怀
一座座新桥划过天际，南北风吹来明媚春光
而风带去的是新的传说、新的故事

以 文 化 带 发 展

生态修复,城市修补
城市双修扮靓了每个社区
文旅活动中心建到了家门口
老钢厂工业遗存重获新生
电影工园、碑刻博物馆
草博馆、读立书店
为西善开拓新的文化艺术空间
田园特色的黄村提档升级
为影视产业链基地打造城市花谷
无车嘉年华文艺汇演多姿多彩
西善人为此感到无比自豪
眼下,有迷宫要走出
有碎片要重建
抓产业发展
促城市建设
补民生短板
三个主战场在这里汇聚成交会点
西善与河西一河之隔,毗邻而居
西善人说:绝不能建成之日就是落后之时

知 教 育　　向 善 行

心如花木向阳而生
文德并举向善而行
汇名家书法融非遗技艺
山体护坡建成特色文化墙
不积跬步，无以至千里
不积小流，无以成江海
打造中国理想教育小镇
就是为西善人夯实精神堡垒
一所所名校在这里落地扎根
一个个培训点吸引男女老幼
向善家长学校
老年开放大学
为家庭教育补足能源
让学习氛围萦绕每个社区
起跑线，绝不是终点线
西善虽小做的却是大教育
明亮眼眸，充盈精神，体验生命
幼有优教、青年有为、老有所乐、生活安康
做好这些，幸福一定来敲门

目录

走进西善 001

老街漫步 029

古道驿风 061

郊野风情 089

在水一方 129

油坊福润 155

深厚底蕴 179

幸福岱山 195

走逃西善

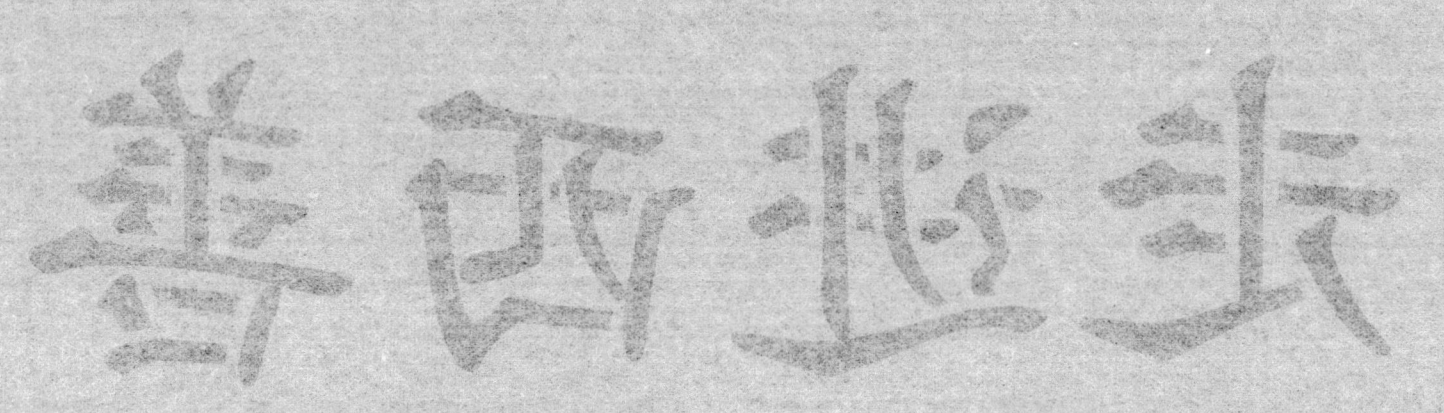

2021年11月18日，我带上了画具，骑着一辆电瓶车，开始了为期三个月的定点深入生活速写采风活动。从南京城南的凤台南路行进，眼前是一个岔路口，高大的蓝色路牌上标注着数字G205和西善桥三个字。G205是我国的一条重要国道，起点为河北秦皇岛山海关，终点为深圳东门。G205这一路段也称宁芜公路，是进入西善桥街道的主干道，繁忙的道路东面是有着百年历史的宁芜铁路，西面是贯穿南北的景观河——南河。随着西善桥经济的快速发展，西善桥地区的交通运输日渐繁忙，205国道西善桥段经过了多次扩建改造，困扰多年的交通问题得以解决，市民交口称赞。沿着205国道一路前行，脑海里不断浮现着往日的记忆。十多年前，我作为一名报社文化记者，曾多次来到西善桥地区做考古采访报道，记得当年道路两旁还有大片的农田和菜地。可如今的西善桥早已今非昔比，高楼林立，车水马龙，遥远的古西善桥也早已被宽阔的新桥所代替。眺望远方，这里山水城林、空气清新，一派生机盎然。

向着西善桥方向继续行驶，路边右侧小广场有两棵梧桐树，曾经乘车经过多次，被它们的姿态所吸引，总是没能停下脚步走近它们。两棵梧桐一高一矮，相距不到10米，就像是亲密的兄弟，携手在此度过春夏秋冬。春暖花开，它们更衣换肤，与蓝天白云试比高。夏日炎炎，它们撑起绿伞招呼路人来此避暑纳凉。秋高气爽，它们带着丰收的喜庆，随风拍打着金黄色的叶片，和着树上的知了一起鸣曲。此时已是入冬，我在落叶上走过，清脆的声音如同小提琴的旋律划开了心田。仰望树干，它们坚韧不拔，犹如与冬风抗争的斗士。我欣赏梧桐树的美丽姿态，还有脱尽满树的金叶，树干把光秃秃的树枝展露在寒风冷雪里，经受着寒冬的考验。看着厚厚的土地低头思索，下面还沉淀着多少历史的遗存？就在广场东南方不远处的明代名刹太岗寺，出土的文物可追溯到新石器时代，其文化层之丰厚令人惊叹。先人们的伟大精神一直在光照着当下，太岗寺文化遗址已经进入了小学课本，代代相传。

我很好奇，这里为什么会出现这样一个物体，远看像是一件抽象的金属雕塑，走近一看，原来是一台机器。四周用护栏做了围挡，显然是提醒人们不要靠近。观察后发现，这台机器像是运输带，斜通至地下，最高处有一排尖尖的"牙齿"，看似是要抓取什么。究竟是什么呢？画完速写，我咨询后得知，这是一台分离器，是用于清理和分拣南河的漂浮物，保护水环境。我随即走到南河岸边，只见清澈的河水缓缓而流，岸边芦苇随风摆动，各色小野菊竞相绽放。河的对岸几只喜鹊正在欢快地戏水，享受着冬日的暖阳。跨河而过的电线上，两只白头翁明快的叫声滑入双耳。大人和孩子闲步于新建的南河公园，人与自然如此和谐。历史上的"南河"北由赛虹桥汇入秦淮河，西至双闸进入长江，至今有600多年的历史。曾经因为开挖秦淮新河，南河被无情得阻断。欣慰的是近年来南河经过清淤美化整治后，碧波再现，两岸绿树成荫、芳草萋萋，南河重新焕发出青春的光彩。

西善桥公交车站就在街道办事处大门口，这里上下车的人特别多，尤其是老人多。办事处大门口红色花岗岩墙面悬挂着一排竖着的牌子，往大门里看，不大的院子围着中心小绿岛停满了各种车辆，显得十分拥挤。大门边的办公楼一层围边全都是商店，嘈杂声不绝于耳。据说这里在清代曾设置乡公所地方管理机构，民国初期在这里办起了公学堂，也就是西善桥小学的前身。随着人口密度增大，推动了当地经济的发展，老街的名气越来越大，以此为中心的西善桥地区无可争议地成为当时的地区政治、经济、文化中心。如今，街道在南河建起了新校址，可以说是闹中取静，这里变成了街道办事处。办公房屋虽然老旧，但是地点背靠老街，也正好位于街道辖区的心脏，可以说是置身于群众之中。我在车站停下，观察着人群，动笔画下了背着坤包的少女，带着孩子的妈妈。期间公交车一辆接着一辆，现在公交线路如此发达，让我觉着，西善真的离城不算远。

途经西善桥车站的南京公交62路是一条有名的"敬老线",始发自西善桥岱山保障房片区,途经西善桥、油坊桥、赛虹桥、集庆门等重点公交枢纽站,终点站为西街。这是一条特殊的公交线路,老年乘客是主要客流量,是他们购物、就医的一条公交骨干线路。车厢内布置着浓厚的"敬老氛围",拉手上印着带有"敬老"两个字的小红心,还有两行"孝老从心开始,敬老从我做起"的标语,车厢两侧展示着"新二十四孝图"小故事,图文并茂,向人们传递着中华民族敬老爱老的传统美德。此外,车厢里还放置着爱心雨伞、风油精、人丹等便民物品的"百宝箱",供老年人按需取用。我发现,车厢内年轻人都主动为老人让座,搀扶老人上下车也是随手而做的事情。西善桥居住着城里的搬迁户,也住着外来的打工者,站在公交车上,你能听到全国各地不同的方言,上下车都用夹生的普通话彼此关照,相互帮扶一下,关系其乐融融,日子久了,也就都认识了。

如今，西善桥地区已经发展成为南京南部一个颇有规模的小商圈。205国道两侧商铺聚集，热热闹闹，不仅有东南西北的各色小吃，还有洗衣店、修车铺、二手家电店、二手家具店，各种业态应有尽有，一派市井气息，被称为最亲民的一条商业街。周边写字楼里的许多上班族，都喜欢选择在此安家。但是，随着外来人口不断入住，私家车也随之增加，停车位也变得越来越难找，有时候出去办个什么事儿，转好几圈，还找不到一个停车位。上下班高峰的时候，马路上更是拥堵，再加上宁芜铁路遇上红灯，这时候就体现出电动车的方便性了，占地空间小，停靠方便。你看，停下买个早点，骑上就走，几分钟搞定。除了便捷外，电瓶车还被赋予了更多的时尚潮流元素，造型好看了，颜色也丰富了，各种品牌汇集。在刚刚建造的白色隔离护栏衬托下，各式各样排列成行的电瓶车成为宁芜公路一道亮丽的风景线。

205国道是一条十分繁忙的公路，各种车辆穿梭不息。路边开设有许多汽车美容店，眼前的这家规模较大，橙黄色的门头醒目耀眼，两开间的门面宽阔清朗。店门口停靠着一辆看似某个行业的专业监测车辆，正在更换轮胎。两名维修工熟练地进行操作，动作麻利干练。店内有的车辆高悬着正在接受保养，有的在做内饰装潢，有的在喷着"沐浴露"，进行全身"护肤"。看来生意十分不错。这里的店铺名气出去了，路边还停着一辆翠绿色的兰博基尼跑车。"汽车美容装潢"源于西方发达国家，现如今国人也开始体验。其实汽车美容装潢，不止是简单的汽车除渍、除臭、吸尘及车内外的清洁服务等常规美容护理，还包括利用专业技术设备，采用特殊的工艺和方法，对漆面增光、打蜡、抛光、镀膜及深浅划痕处理，全车漆面美容，底盘防腐涂胶自理和发动机表面翻新等一系列养车技术，以达到"旧车变新，新车保值，延寿增益"的功效。

千百年来，勤劳善良的西善人民世代栖息在这片美丽的土地上，他们深爱着这片热土，不断为这里添砖加瓦。这栋绿色拼接大玻璃的半圆形大楼，就是打造这片热土的指挥中心——西善桥街道办事处所在地。这里地处205国道最热闹的街市口，东面是205国道、宁芜铁路，西面是老街和南河。铁路、公路、水路，可说是"三路"通。楼下是通往西善老街的入口，疫情期间搭建的铁棚担负着人员进出"健康码"的检测任务。两名执勤大妈身穿志愿者背心，正在认真工作。围墙上挂着红色条幅，宣传的是征兵动员。进出老街的居民们个个遵守规定、戴着口罩。我想：在这样繁忙的街市，楼上安心办公的确需要很强的定力。如此近距离的格局，对于居民而言，大楼里的人也不再那么神秘，大家彼此熟悉，相信党群关系十分融洽。街道是与居民联系最直接的政府基层单位，这样的氛围，让街道与居民的联系更加紧密，人间温情更加浓郁。

从街道办事处左侧进入老街还有一小段距离，远处几幢小楼格外醒目，应该是20世纪六七十年代的建筑，抑或是更早些。楼房为独立式，两层高，墙面刷着奶黄色，房顶是青色灰瓦，楼下店铺，楼上居住。一对看似打工的男女，从老街走出，男子骑上电动车，将一包盛满物品的塑料包放在电瓶车踏板上，戴上头盔，做好启动的准备，女子手里拎着生活物品，问男子是否再给娃儿买点零食啥的。男子没有回头，口中接话说："家里零食够多的了，还买买买。"语气有点强硬，女子生气，不愿坐上电动车。人生就是这样，自己长大了，心里总惦记着孩子，男人挣钱了，总想着节省点花。女子白眼一下男子，然后从腰间掏出一块毛巾给男子擦汗。这个举动被一旁的男子看在眼里，偷着笑了起来，看得出他们是同乡。这不正是西善民歌里唱的小调吗："一阵惹来一阵阴，热的小郎汗津津，姐儿望着不过意，送郎的草帽汗手巾。"不由分说，感人情景入得我画中。

初冬，温暖的阳光照耀着这条小街，一筐筐新鲜的地产柑橘在阳光下显得分外美丽。三位居住在西善桥附近的年轻人走到水果摊子前，决定试吃下。我立即在速写本上开始构图，打算快速抓住他们的动态及表情，先用铅笔简单勾画出他们轮廓，接着再用软笔画出他们的姿态和衣服的样式，以及皱褶和纹理，再刻画出果摊上的箩筐和柑橘。记得小时候外公经常下班买回柑橘给我吃，我曾经吃过四川和江西的柑橘，好像没有吃过南京本地的。摊点老板说：我国主产柑橘的有湖南、广西、湖北、广东、浙江、四川、重庆等地，现在靠近南京的溧水也产柑橘，这种名叫"红美人"的品种很好吃，入口即化、柔软无渣，果粒分明，品质很好，也称"黄金果"，可以说填补了南京冬季高端柑橘的空白。听了老板一番介绍，三位小伙子试吃后决定一人买一袋。此时我想起读到的资料，古时的老街西接一马平川的沙洲，那里也盛产柑橘，味道极佳。

这棵树很高大，小楼伴着它而建，凉棚围着它而搭，无疑它是这幅画的主角。古时候的西善桥老街很窄，仅丈把宽，主要靠人力和兽力车，进一次集市十分费力气。大树背后的这栋房子，其位置和建筑格局，放在古代很适合开一家客栈，接待南来北往的客商住宿或短歇。我为画中的老树干留白，是想凸显其坚强的筋骨，我为它点缀叶片，是要表明来春叶子还会再生，周而复始，一天天壮大。我们每个人的生活中总有不少的"大树"，它们高高在上，带动着我们这些小树苗茁壮地成长，只要我们这些小树苗能够经得起风吹雨打，把大树当作成长的偶像，总有一天，我们也会成为一棵大树。如果你是一棵小树，不要总躲在大树下。背靠大树好坏参半，背靠大树虽然能得到庇护，让它为你挡风遮雨，但大树也会抢走养分，遮住彩虹。都说背靠大树好乘凉，但生活却真切地告诉我们：不要因背靠大树，就真以为自己也是一棵"大树"，成长得靠自己。

南京人爱吃锅贴是出了名的，外地朋友到南京就感叹，奇怪为什么南京到处都在卖锅贴呢？我也同样如此，整天四处打听哪家的锅贴好吃。有时候又纠结，是吃李记锅贴好呢，还是吃蒋有记锅贴好。也有时路过一家不知名的锅贴店，不假思索尝试一回，觉得味道也不错。其实应该是各有特色吧。当我还没走近西善老街街口这家店铺，菜籽油的香味已经扑面而来。画中这位中年男子，看上去风度翩翩，身材管理得很好，围裙干净整洁。他一边快速转着铁锅，一边从木盖的缝隙向锅里浇油，随即他又转身去揉面或包煎包。一旁的铁锅烟气四起，他估摸着时间已到，将铁锅移出火炉。当锅盖掀开的刹那，排列一圈又一圈的锅贴被热油浸润着镀上了一层金黄色，还没入口，就已经在咽口水了。南京的锅贴不像普通饺子一般丰润短小，而是细长如月牙，口感上下酥脆，中间细腻绵软，汤汁饱满，一不留神，汁水就会顺着下巴流下来。切记，吃锅贴时一定不要摆弄手机，可能会滴上汤汁。

西善老街上有好几家店铺卖烧饼，这位女子卖的是"车载烧饼"，没有固定店面，一辆三轮电动车载着火炉走天下。刚出炉的烧饼整齐地放在锅边，微风一吹，香味立马飘入每个翘首以盼的食客鼻中，购买的心变得愈发的迫切。我从小就喜欢吃这样手打的烧饼，缘由是外公经常带我去汉中门附近一家烧饼铺。长长的烧饼，很像大大的鞋垫，我的脚不算小，可眼前的烧饼要大很多。我拿着烧饼笑着对外公说：这是44码的"鞋垫"。老街上这位女子占据了好市口，人们进出老街都要经过这里。这家做的烧饼正是我小时候的味道，就是纯粹的面饼香和芝麻香。身旁等待的大爷也附和说：这家烧饼没有花哨的后期配料，完全就是靠坯子取胜。大妈点头道：烧饼好吃关键在做坯的时候，要舍得放料子，这样烤出来的烧饼不放酱料也会特别香。我想她说的有道理。其实烧饼在做的时候，通过肉眼，应该就能看出来好不好吃，等到烧饼出炉，你看到金黄色，脆脆的，一定不差。

老街漫步

走进西善桥老街，仿佛时光在倒流，在这条老街上慢慢地闲逛，慢慢去感受透过历史沉淀下来的那份韵味，是一种享受。西善桥老街，曾叫"通惠里"，至今已有200多年的历史。清末时期，老街就形成了户户临街，开店经商的格局，老虎灶、理发店、茶馆、饭庄、杂货铺、粮行等。人们在这里摆摊设点，江鲜水果、南北干货应有尽有，热闹非凡。人生甘苦，必要亲自品尝，方知其真味；漫漫街巷，必要亲自踏过，方知其长宽。西善桥老街也是古道的一段，由于此处一面依山，一面傍水，地势优越，南来北往的客商都爱光顾此地。这里处处流露着20世纪七八十年代的味道，虽然当年的石块早已埋在地下，但今日的老街，仰望那保存不多的青砖小瓦马头墙的古民居，仍可以看出历史久远的端倪。它的生动与纯粹，令人着迷。不管是细窄的街巷，还是低矮的民房，或是复古的店铺，如同一位长者，诉说着过往的岁月，西善人的日常故事。如果你也热爱"倾听"，不妨亲自去西善桥老街感受一番。

这家以"红女"命名的面馆，名字一下吸引了我，一个这么古意的名字，是谁取的？抬眼，门头大红色铺地，黄色黑体字，大气而醒目。门口围拢着几位女子，店内座无虚席，看来生意很红火。古时候的"通惠里"两侧全是店铺，有茶馆、饭庄、粮行、鱼市，还有老虎灶、杂货铺等，由于开市早，收市晚，人们俗称其为"鬼市"。这里便成了方圆几十里百来个村落的大集市，就当时的标准可谓是繁华一时了。每一座老街都有自己的情怀所在，这一间间古朴又充满韵味的店铺是否还承载着过往的气息？老街从繁华到落寞，又到如今的人潮涌动，它似乎见证过太多的人和事。透过热腾腾的蒸汽，看见小店内年轻的女子露着笑脸，为顾客夹着刚出锅的油条，店外一位年龄稍大点的女子在做着面点，从她的背影，看得出她流露出技艺娴熟的自信。我停下画笔，脑海中浮现出多个女子形象，红色是中国人最喜爱的颜色，更是女子的偏爱。红女二字左右翻转便是女红，用女红的手艺制作面食，这无疑就是红女面馆吸引人的秘密所在。

这家烧饼铺子排队等候的人也不少，位于西善桥街道西善桥社区办公楼前西南侧，摊子相对较大，品种也较丰富，为老街食客多了一种选择，同时也说明了烧饼在南京人心中的地位。烧饼在我国历史久远，各地都有自己的特色传承，其中"声名在外"的特色烧饼就不下十几种，有山东的吊炉烧饼、周村烧饼、淄川肉烧饼、曹州烧饼，江苏的黄桥烧饼、草炉烧饼，安徽的黄山烧饼，浙江的缙云烧饼，湖北的土家酱香饼，河北的缸炉烧饼，北京的咸甜酥烧饼，天津的什锦烧饼，以及本地的南京鸭油酥烧饼，等等。现如今的烧饼店不仅保留自己的特色，也借鉴各地风格进行改良，做到色焦黄、味鲜美，香酥可口，食后齿颊久久溢香，符合年轻人的口味。民间有种说法，做烧饼是一门手艺活儿，好不好吃全在两手之间。文化人也这么认为，沈括在《梦溪笔谈》对这种手艺就有记载："炉丈八十，人入炉中，左右贴之，味香全美，乃人间上品。"

看到肉铺，总给人一种富贵的象征。西善老街上肉铺有好几家，逛街买菜如果不提上斤把斤肉回家，就感觉今天缺点什么。画中这对中年夫妻站在肉案子前已经多时，一看就是生活比较讲究的人。或许他们已经退休，不急不忙，逛逛菜市场，是他们一天幸福生活的开始。此时，我早已钩好画稿，听着他们窃窃私语。夫妇俩望着案板上一排排红润肥大的鲜肉，看了好不嘴馋。男人心中惦记着的是五花肉、后腿肉，或者来几个猪蹄子炖个红烧，再喝点小酒，好不爽口。而女人则不急不忙，盯着的是小排肉、筒子骨，心理盘算着配点萝卜或山药，炖个荤汤润润肺。此时，卖肉的老板娘言语热情、笑容满面地迎上来说："选肉还是排骨？瞧，这块肉很新鲜呐，你看新鲜猪肉的颜色是淡红色的，颜色均匀分布，表皮肥肉部分呈有光泽的白色，来这块怎么样？"她边说边拿起一块肉往秤上放。中年妇女满意得点头，并催促身边还在愣神的男人赶快扫码付钱。

新春佳节家家户户都要备年货，其中少不了咸鱼咸肉、咸鸡咸鸭、香肠香肚。西善桥老街里有几家咸肉铺子很有名，眼前的这家咸货十分丰富，货架、案板上满满当当，连家中雕花"老古董"茶几都派上了用场。一位夫人想买五花咸肉，老板耐心介绍，用手比画着自家咸肉制作的精到。咸肉风味独特，又香又有嚼头，可以焖米饭或做咸肉菜饭。关键是可以存放时间长，送礼也好看。民间腌制咸肉的方法不少，有种说法，腌制得好坏取决于人的手气，有人腌制出的咸肉香气扑鼻，有人腌制的会有股怪味，完全在于用不用心。这家铺子咸鸭也挂了不少，咸鸭和咸鸡相比，咸鸭在价格上要贵一些。平时在市场上买咸鸭的时候最担心的就是不干净，但是这家咸肉铺里的咸鸭处理得干净卫生。咸鸭脖子颀长如柱，造型风趣，似乎在向路人昭示：我是南京的美食名片，诸君快来品尝我。

中国人生活中对待食物往往讲究个吉祥含义，比如从城里回乡下，会提上点心或水果走走亲戚，不失面子也比较实惠。左边这位大爷背着背包，拖着有轮子的小推车，看来准备多买些水果。西善桥老街的水果店铺有很多家，靠近菜市场的一家地势好，水果品种丰富而齐全，还有各种瓶装的果干。老人常说："送礼，苹果是首选。苹果寓意平安吉祥，颜色通红，有红红火火的意思。"新的一年里谁都想顺心顺意，果篮里的金黄色柿子看上去非常喜庆。老人常讲"柿子家里摆，福气自然来"，"柿子搁在家里头，一年到头不用愁"。柿子外表丰厚圆硕，形如如意，又因"柿"与"事"谐音，所以寓意"事事如意"。齐白石就爱画柿子。画中老人又指着塑料筐中的"山地蜜"说："过年怎么能少得了橙子呢？橙子正寓意'心想事成'，而且橙子属于冬季的时令水果，过年送橙子，一方面图个吉利，一方面也图个新鲜。"

除了各色水果，还有农家田地上收获的蔬菜、池塘里捞起的鱼虾，这让西善桥老街的每天总是忙碌而热闹。老街的鱼市比较集中，椭圆形红色塑料大盆一字排开，十分壮观。有鲫鱼、鳊鱼、昂刺鱼，还有个头很大的螺蛳青。鱼儿在水中闹腾，冒着水泡，摇头摆尾，跃跃欲试，让人看得眼花缭乱，孩子们看着更是开心。冰块上铺满亮晶晶的黄鱼、鲳鳊、白虾，还有色彩斑斓的青蟹、白蟹，价格都不菲。此时想起我曾经居住在城北，楼下就是菜市街，鱼市就在窗户下，想吃鱼站在窗口看准了，立刻下楼捞起，顺带几根葱和生姜，回家立马下厨。可是儿时因为吃鱼要吐刺，嫌麻烦费时，见大人做鱼就不高兴。大人们常哄孩子说：多吃鱼好，吃鱼会使人更聪明。现在的生活条件好了，各种海鱼在人们餐桌上出现的频率非常高。我的亲戚朋友中有许多爱钓鱼的，他们也爱吃鱼，也很聪明，也许是从小培养的吧。画中的母亲，你不要只顾回头一望，赶紧去买条鱼做给孩子吃吧。

每年冬天，南京的街头就会有许多卖冰糖葫芦的商贩，酸酸甜甜的糖葫芦简直就是人间美味。小时候记得街上举着稻草棍卖糖葫芦的，口中都要吆喝"糖——葫芦——哟——"，音调婉转，很有韵律的："糖"字必定要拉长音调，仿佛要突出糖葫芦的甜滋味，一瞬间就击中了小孩子们柔软的心窝。冰糖葫芦又叫糖球，一般都在冬天里吃，秋天采摘的山楂经过时间的沉淀去除了苦涩，留下了清香。孩子陪大人逛老街，挤在人群里东张西望，喜欢看热闹，遇到做糖稀的、做棉花糖的，就走不动路了。远远望见有举着冰糖葫芦的，就禁不住流口水。山楂具有开胃消食的作用，冰糖可以稀释山楂的酸味，两种食材走到一起，变成了非常美味的小吃。时下，这种"很土"的插稻草的冰糖葫芦已经难看到了。商场里卖的都是有创意的时尚型冰糖葫芦，比如什么寿司版冰糖葫芦、方便面版冰糖葫芦，花样很多，有的在山楂果中夹了各式馅料，各种口味随意组合。随着社会的发展，为了适应大众口味，制作冰糖葫芦的食材多了起来，有的用海棠果、葡萄、麻山药裹上糖稀，吃起来也十分甜脆可口。

一大清早，西善桥老街时常能看到这样的老人，手中提着小巧的鸟笼，笼子里则是小巧可爱的绣眼鸟。一边逛街，一边听鸟鸣，顺带斩半只鸭子回家下酒。我也爱鸟，从小到大养过很多品种，几年前家中养了两只芙蓉和一只八哥。一天，一只受了伤的小麻雀误闯了进来，在我的细心照料下，小麻雀活了下来。没想到它就从此不肯飞走了，一次出门我忘记把它抓回架上，结果小麻雀飞到八哥架上，被八哥咬掉了喙。这只"雀坚强"靠舌头吃食喝水，还每天快活一把澡，活了三个多月。我还专门为它写了一篇文章发表在报纸上，但我从未养过绣眼鸟，于是跟这位老人攀谈起来。南京人爱鸟、养鸟久远深厚，可与南京建城史比肩，堪称是中国笼养鸟文化的源源地之一。绣眼鸟俗名粉眼儿、粉燕儿，因其眼圈有白羽环绕，所以得名绣眼。绣眼鸟体型小、寿命长，叫声婉转好听，姿态也好看。由于水土相宜，使南京繁衍出来的"绿绣眼"特别活泼，令全国乃至全世界的养鸟人都十分羡慕。绣眼鸟长得非常漂亮，十分爱干净。它喜欢大自然，也爱去热闹的场合，主人遛鸟时来回晃动笼子，能够激发鸟的一些灵性。

西善老街的岔路口有一些错落的民房,巷口坐着一位中年男子,他跷着二郎腿,正在专注地剥洋葱,听着收音机。巷子深处立着"浴室"的牌子,很显然是专为那些在老街做生意的租户服务的。说起泡澡,对于普通大众来说,喜欢去的地方并不是高档的桑拿浴池,而是离家不远的小澡堂子、小浴池。这些浴室空间虽小,但价格平民化。为了老人的安全,浴室都有老人洗澡需家人陪护的提示。中年男人说:现在只要家里能洗个舒服澡的,都不会去澡堂,但对于一些外地打工者,租住房里没有配套的洗浴设施,那就必须要去浴室了。是的,随着社会经济的发展,中国人的家庭生活形态也在发生着变革。城市中家庭淋浴器、供暖设备日益普及,传统的公共澡堂也随之趋冷。与逐渐消失了的大澡堂子比,现在的小浴室,全都是电气化设施,热水来得快,并且水是流动的,自然要卫生许多。到浴室洗浴还能与人交流沟通,获取各种信息,聊得投机,还能互相搓搓背。对于流动性较大的街市来说,西善老街的小浴室就自然存在下来。

冬天来了，又到了吃栗子的时候。南京城内外的大街小巷遍布着很多板栗店铺，西善桥老街也不例外。相比市中心，这里有足够的空间，可以铺开场子大干。这位师傅跨着大步，正在摇动铁杆，观望着机器内的板栗熟食程度。女儿站在巷口摆摊，忙着为客人服务。以前见到最多的是大炒锅，锅内全是黑砂，师傅用铁铲翻滚来翻滚去，藏在黑砂中的板栗便微微开口，露出金黄色的栗肉，现在仍记得小时候黑砂被炒热的味道特别好闻。眼下先进的板栗机代替了人工，机器采用卧式滚筒，360度搅拌，自动翻炒加热。师傅说：这种机器相对密封，焖炒效果特别好，色泽与口味更佳。而且炒货漏斗进料，砂栗自动分离，自动出锅，省时省力。除了板栗，机器还可以炒花生、瓜子、松籽、油菜籽、咖啡豆，可谓是一机多能。当然用途最多的还是炒板栗。其实板栗跟人一样也怕冷，在深秋时身穿三件外衣，长得像刺猬，摸上去会扎手。栗子外表虽不好看，但翻炒后就变得油光发亮，十分可爱了。

停留在西善桥老街转弯处，一位老人弓着背，左手拿着一个塑料碗，右手掀开木桶盖子，用小勺往里盛着什么。一位妇女停下电瓶车买了一碗就走。接着又过来一位小伙子，他骑在车子上，转身低头与老人说着什么，老人又用勺子伸进木桶里，塑料碗变红了。这下我看清楚了，是腌制的红辣椒。小伙子骑车离开后，来买辣椒酱的人一个接着一个。等我的速写画得差不多了，老人终于直起背来，抬起头来，估计老人的年龄并不大，也许是风吹日晒、常年弯腰，显得年迈了许多。老人摊子边有两个篮子，里面是满满的鸽子蛋，老人说这不是普通的鸽蛋。他用手指向旁边两个铁丝笼子，笼子上站立着两只大鸟，老人介绍说这叫"元宝鸽"，原产于美国，是观赏性鸽子。他带来不是卖的，而是为鸽子蛋做"模特儿"，用时髦话说就是"站台"。我寻思，老人这样的搭配其实蛮有意思的，用辣椒酱搭配鸽子蛋炒一份简简单单的蛋炒饭，也许别有一番滋味。

一条街，并不仅仅是一群建筑而已。人们都说：一座城市的记忆，都藏在老街里。因为老街承载着几代人的生活印记，以及当代人对慢生活的向往。漫步西善桥老街，你会爱上这里的恬静悠闲，不自觉地放慢脚步，徜徉在午后漫散的暖阳中。无论是老房子上的斑斑旧痕，还是小巷深处伸出的屋檐、屋外的淡红色遮阳棚，抑或是散落地上的金黄色的梧桐树叶，这里的人、事、物都在无意间透露着浓烈的人间烟火气。西善桥老街被宁芜铁路和南河夹在当中，因此老街依地形而造，长短宽窄不一，迂回曲折。老街现在仍有部分保留着青砖灰瓦、木插板门，隐约可见当年这里商贾云集、游人如织的繁华。为保留城市乡愁记忆，再现百年老街盛景，近年来西善桥街道一直积极谋划，加紧对老街保护性修缮与研究。眼下西善人过年置办年货，必定去老街逛逛，有的人甚至提上带轮子的行李箱，希望将年货一网打尽。

清晨，我骑着电瓶车，沿着凤台南路、宁芜公路，临近西善桥时右转沿河而行再右转，便抵达西善桥农贸市场。当然还有一个选择，从老街也可以进入，只是人流较多，行进不方便。这条路最佳，进入很短的小街下坡，硕大的绿色门头上"西善桥农贸市场"几个大字格外显眼，门口左右两边停满了电瓶车，人们摩肩接踵地来往于菜市场。走进菜场，早已是人潮如流、人声鼎沸了。到处可听到叫卖声、讨价声、砍肉声、吵闹声……不绝于耳。摊位一个接着一个，有卖菜的、卖鱼的、卖肉的，令人目不暇接，市场知名度越来越高。这里有着整个城南最丰富的菜品、最便宜的菜价。市场内分布有序，摊主们各显身手，争相炫耀自己家的菜品。这里的早市要赶早，一般八九点前食材最新鲜齐全，大概十一点左右就卖得差不多了。但有时来得早，不如来得巧，中途也会运来新鲜的活鱼活虾。只见老顾客们与老板熟悉地交谈着价格，不满意，再换一家，一圈走下来，可以货比多家，直到满意而归。

如果来西善桥农贸市场，就会发现这里的肉类生意十分兴隆，摊主们忙得不亦乐乎，娴熟得操持着工具，为顾客们斩肉、称肉、找钱。红色吊灯下，肉色鲜艳而有光泽，留着时尚发型的卖肉人动作娴熟地剔下骨头，打扮时髦的购物女子仔细观看着。这时候，一对夫妇急匆匆来到柜台前，头上还戴着头盔，一看便知他们是从远处赶来。我几笔勾勒出他们的身影。男子观望着台面，女子则注视着旁边这位年轻女子。画中这位年轻女子，低头看着即将到手的排骨，流露出满意的表情，这个不经意的表情，被刚到的这位女子看在眼里，也许就是她准备选择这家肉铺的动因吧。西善桥街道区域内分布着很多的大型农贸市场，周边有善水湾、福升、梅欣、岱山等农贸市场。另有多家小超市、蔬菜店作为补充，可以满足居民多样化消费需求。

古道驿风

在跨上秦淮新河上的西善桥之前，我转身停留在一处小广场前，寻找着速写的素材。说实话，每次走进西善桥这个"不起眼"的街道，常会有惊喜。热闹的商业街区，穿插着不同年代的建筑，其间点缀着一些艺术雕塑，给城市增添了许多亮色。走在街上，有时会遇见时髦出众的女郎，偶尔也会有名车擦身而过，更多的是忙忙碌碌的打工人。在这温暖的阳光里，人们享受大自然的滋养，他们步履快捷，脸上露出灿烂的笑容。凡尘烟火，悠闲度日，渐行渐远的光阴，从时光流去，从风中散去。漫步于超市，穿行于店堂，琳琅满目的商品，新颖时尚的服饰，增添了街市的繁华。经过几天冬雨的洗礼，枯萎的落叶、腐烂的衰草已经随水漂流而去，楼房一片清新，街道干净明亮。这里虽然每天多达百次火车经过，但一处处亚道井然有序。这里既要追求眼前的"小美"，更要建设成经得起时间考验的"大美"，在这样的治理理念下，西善桥正不断地向美、向善中发展。未来，西善桥街道一定会更加"了不起"。

宁芜铁路从西善桥穿心而过，但是并不在西善桥停留，是因为没有车站吗？不是，西善桥不仅有火车站，而且保留至今，只是你不易看到罢了。我从百度上搜到过火车站的站牌，但是几次路过都没有找到。这次趁着画速写的机会，我再次来到这里。沿着铁路线，我一个个匝道询问，终于得知其具体位置，但是现在铁锁把门，从格栅中我看到里面似乎有人，于是耐心等待，半小时后终于有人开门，我说明来意，得到允许后才进入车站内部。我一边画、一边打听车站的历史。原来，西善桥站筹建于1933年7月，1935年5月从南京中华门经芜湖至孙家埠175公里铁路干线在此通车。抗日战争胜利后，国民党政府于1946年拆除了江南铁路，1948年再度铺轨营业。1949年4月南京解放后铁路收归国营，改称宁芜铁路。进入21世纪后，随着铁路建设大发展，列车多次大提速，普客列车越来越少，不再停靠宁铜线小站，西善桥站也就退出了客运舞台，历史写在了这块站牌上。

这次去西善桥深入生活采风，每天都在宁芜铁路沿线来回跑，看见过各种造型、各种颜色的内燃机车头。巨大的车头由远而近驶来时，感觉整个大地都在颤抖，车轮压着铁轨，发出有节奏的轰鸣声，呼啸的风声夹杂着火车的鸣笛声划过脸面，已经分不清哪种声音。眼前的这辆ND5型蓝色涂漆的火车头，俗称"大老美"，冒着滚滚浓烟，响着低沉的鸣笛，呼啸来到我的身前，我感到一种霸气十足的威风，想象着如果我是火车司机，我的孩子一定会为我的职业感到骄傲。我还想起了京剧《红灯记》中手拿信号灯的李玉和。我也佩服匝道口的地勤工作人员，他们每天打开关闭多少次护栏，日夜重复着同样的动作，不能有半点差错，其肩上的责任多么重大。这条古老铁路沿线上一个个窄窄的轨道，看上去并不起眼，却曾是连接苏皖不可或缺的一条纽带，80多年来一直为苏皖两省的发展输送着新鲜血液。随着城市的发展，这条铁路已经从市郊走进了南京主城区的核心位置，形成了别具特色的"城中铁路"。

生活中经常有这样的事情：要出门乘公交了，你想坐的车不来，不想坐的车一辆接一辆过；你要过铁道了，偏偏一到闸口就被拦住。叮叮，火车就要来了！喇叭不停地喊着，此时，工作人员紧张地疏散车流、人流，拉起铁轨两侧的护栏。火车刚过不久，人流还没通行完毕，防护栏又被重新拉上，两边等候的人群焦急地喊着："没过几个人呢，又有火车来了！"道口处人很多，车辆也排起长队。我看周围人都在观望即将到来的这辆火车头的车厢，如果遇到客车，车道口便很快可以开闸；如果遇到货车，经常是百来节车厢，不等个两三分钟别想结束。宁芜铁路平均十几分钟一班车，一天八九十趟车次，可想其繁忙程度。期间铁路多次维修优化，才得以保留至今。为了解决铁路穿城而过带来的割裂城市、噪音扰民等问题，目前扩能改造项目已经动工，现有铁路将外迁，建成电气化铁路。然而，这条铁路陪伴火车迷们已经多年，他们对宁芜线有着深厚的感情，一旦搬迁，独特的美景也会消失。因此，一些粉丝，每到双休日就会来此打卡拍照，保留记忆。

清风徐徐，绿树成荫。沿着宁芜公路向南，靠近顾家庄车站有一处小型休闲运动广场，圆形的白色帆布亭立于中央，围绕着四周的绿化带有一圈健身步道，人们走累了，便来到街边广场活动筋骨，放飞心情，听听鸟鸣，好不惬意。广场上，骑车、步行、打球、赏花、放风筝，各有各的乐趣。环顾四周，这里茂密如茵，有八月桂、香泡、含笑球等各类芳香植物，看着赏心悦目，闻着令人心醉。硕大的白色帆布亭，既可以遮阳避雨，又可以在此聚精会神地读书。我一路走来，像这样的休闲小广场，西善桥各个道路和社区分布有很多，大都按照因地制宜、节约高效的原则而建。广场虽然面积小、常散落或隐藏在街角或路边，被居民们戏称为"口袋公园"。居民们都积极来此健身，既锻炼了身体，又陶冶了情操、提升了精神面貌。"见缝插绿、出门见绿"正是体现细微处见品质。这些小广场的兴建，为西善人民提升了生活品质、突出了本地特色、添彩了城市风貌。

初冬的早晨，道路上笼罩着一层淡淡的白雾，侧耳倾听，风声低沉掠过。停车侧望，一座新颖独特的建筑映入眼帘。古城南京有着丰厚的历史底蕴，也接纳着外来文化，西善桥有一座别致的小教堂，地理位置处于郊区，可能知晓的人并不多。质朴的设计风格与自然景色巧妙呼应，呈现出一种单纯、沉稳、静谧的氛围，给人以印象深刻的视觉体验。这座小教堂当地人称"顾家庄小教堂"，新建不久，外观设计简约大气，引人注目。教堂高度并不算高，但周围地域开阔，白色人字形屋顶，在蓝天下显得十分肃静、唯美。灰色砖面进行了凹凸处理，并非只是对于墙面肌理的追求，更主要是让砖块的孔隙能起到一定程度的吸音效果。一扇扇长方形的竖窗，将光线巧妙地引入堂内。正如现代派建筑大师勒·柯布西耶所说："建筑是对阳光下的各种体量的精炼的、正确的和卓越的处理。"所以，光永远是教堂不可缺少的元素，这种最自然、最纯净的存在，成为这座教堂的灵魂所在。

沿着205国道继续往前，与绕城公路交叉路口处建有一绿地公园，名为"建宁公园"，园内有一处景观雕塑——《古道驿风》。雕塑采取去人物化的场景，以一井、一马、一旗杆、一照壁为元素，呈现出"古道西风瘦马"的诗情画意。《古道驿风》雕塑取材地域文化，营造了一种穿越时空感，似乎穿越到中国古代最有名的"新亭"离别地。相传，如今的205国道古称"新亭路"，始建于孙吴，经阴山矶南，穿新林、板桥、江宁镇，直通牛渚（今安徽当涂）、芜湖、宣城。历史上官贾商贩云集，车辆马匹来往频繁。此地也成为古金陵最著名的送别之地，众多文人墨客流连于此，把盏咏叹，留下颇多美谈。在此地，历代名人也写下了许多传世佳作，如刘义庆《新亭对泣》、李白《金陵新亭》等。此景取名"古道驿风"，可谓是西善桥深厚历史文化积淀的生动写照。据说，当年建造这处公园时，为了安装这组雕塑，本来打算移走周边几棵大树，但最终在有识之人的建议下得以保存，现在来看，如果没有了这几棵树作为环境背景，雕塑的气脉将逊色许多。

建宁公园因岱山高架路分为东西两部分，西面公园里长廊环绕，树立着高大的"将欲行——李白"人物雕塑，为205国道增添了几分文化气息。李白是家喻户晓的唐代大诗人，一生中五次到访南京，写下了50多首与南京有关的古诗词。天宝年间，李白游新林浦，当时被风浪所阻，嗟叹有感写下了《新林浦阻风寄友人》，其最后一段为：纷纷江上雪，草草客中悲。明发新林浦，空吟谢朓诗。表达了诗人飘零孤苦的情怀和思念友人之情，情景交融，意蕴深厚。诗中"新林浦"指的是南京城西南，源出牛首山西流入长江，也就是现在的西善桥境内。雕塑中的李白在千年风雪中行进，江风萧萧，长袖随风起舞，没有金樽美酒，也没有长剑执手，他在新林浦江边闭目浅吟："回首金陵岸，依依向北风。"他举头遥想谢宣城，身后的山水卷轴镌刻着他的诗句，营造出"唯见长江天际流"的宏大气魄。两件雕塑合二为一，前后呼应，形成诗意般的艺术效果。

这天我计划去西善桥街道古遗井社区采风，路经公交车站时电瓶车爆胎，可眼前并无修车铺，只好一路推行。大约走了10多分钟，终于看见前方右侧有一家修车铺。这家店铺好像生意不错，师傅正在修理着一辆自行车，路边还停靠着一辆蓝色三轮电动货车。我想等待的这段时间正好可以画一幅速写，于是停好车子，拿出画板。修车师傅动作很快，我也快速走笔。眼前繁忙的道路车来车往，让我想起西善的历史，两千多年前这里曾经是白茫茫的一片长江故道。20世纪70年代，在古遗井村的水利建设中，曾发现有大面积排列整齐并已腐朽的木头，像是水中的木排。古遗井老一辈人追忆：当时古遗井附近的山腰上有一个巨大的石墩，就是为拉住江中的木排而建。更有趣的是附近有一座小山名为"鸡公矶"，矶者，江边之山。这些依据也都证实了古长江在此变道的推断。

骑上修补好的电瓶车，一路向西，以为可以顺畅到达天保村和史村，不料途中又被一处老旧厂房给迷住，只得停车。一眼望去，厂区占地面积不小，三角形的高大房顶，一浪接着一浪，消失在远方。电线杆密布在道路旁，再从空中穿街而过，与蓝天白云相映成趣，形成一首优美的奏鸣曲。铁质的窗框经过雨水的洗礼，锈迹顺着墙面留下道道斑痕，记录着岁月的沧桑。不知是谁随手用油漆在墙面涂画几笔，给厂房增添了几分趣味。如果不是来采风，我也不会与这些老厂房邂逅，也就缺少一次感受建筑历经沧桑后的美。南京的城郊，留下了许多这样珍贵的旧厂房或仓库，这些工业遗产不仅是反映中国工业文化的一面镜子，同时也延续着城市的历史。近看这些厂房估计建造于20世纪八九十年代，它们既不像早期工业发展时期的西方外来风格，也不像现在的"快时尚"塑钢风格，朴实而实用。希望不久的将来，在保留老建筑自身特点和历史风貌的前提下，导入新兴产业，盘活这些老厂房，并使其发挥出更大的价值。

每当看到各种五金钢管错落有致地堆放着，内心就有一种激动，脑海里就会浮想起某一首交响乐。进入西善桥这家厂区是一个偶然，本想找个电瓶车充电点，误闯误撞来到了这里。厂区内各种钢管堆积成山，水泥块、板材垒得高高的，还有窨井盖等，看起来很乱，却又十分有规律。由于它们材质不同，形状各异，重量有别，放置在一起，自然就形成了一幅有节奏的画面。节奏感是我们认知世界规律的体现，这是大脑的习性。一幅画要有点线面、黑白灰的节奏，同样自然界或人为营造的世界，也存在着节奏，这是客观规律。作为绘画者，只是将客观节奏创造性转化为主观节奏而已。可以说，没有节奏感的绘画作品，就等于没有灵魂。工作人员告诉我：其实看似混乱的材料场，堆放也有讲究，一些钢板、大口径钢管、锻件等可以露天堆放；一些小型钢、盘条、钢筋、中口径钢管、钢丝绳等，可在通风良好的大棚内存放，但必须上苫下垫；而一些薄钢板、硅钢片、小口径钢管，以及价格高、易腐蚀的金属制品，必须入库存放。

走累了，想歇歇脚，正好不远处树丛里望见一座四方亭，我沿着小路蜿蜒而上，来到亭前。只见亭子简约、古朴，全身木质结构造型，隐浸在浓郁的树荫深处，静静地守望着过往的来客。置身于亭内，观赏四周景致，耳边能听到枝头的鸟鸣、穿过竹林的风声，虽不似外界雅致舒适，却也有妙趣横生的静谧，仿佛时间回到了古代的芮村。水不在多而在灵动；亭不在重而在造型。此处的四方亭因地制宜，处处显示出设计者融于自然的艺术理念和独具匠心。四方亭自古有之，我国古代有四大名亭，因文人雅士诗歌文章而闻名，分别是滁州的醉翁亭、杭州的湖心亭、北京的陶然亭、长沙的爱晚亭。南京城也有许多名亭，如：中山陵的行健亭、仰止亭；玄武湖的荷花亭；莫愁湖的赏心亭、二水亭；九华山的六和亭；燕子矶的御碑亭；总统府的方胜亭；雨花台的忠魂亭；等等。这些亭子，或有着雕梁画栋的建筑美，或有着通过文学营造出的意境美。亭子的虚实相生，使人们站在有限的空间中，获取到无限变化的美学意境。

骑行在繁忙的G205公路上，仿佛有一种远足的轻松自在感，蓝天下远远望见一段绕城公路高架桥，路面上的汽车如同玩具大小，向前移动。我停车思考下一个采风点去哪里？这时，几位看上去十分专业的骑行者，从身边擦肩而过，看到此景，我想：也许是当下疫情常态化和对户外运动的热爱，让骑行成了一种新时尚。顺着骑手们飞快消失的身影方向，我发现在草丛的遮映中，几个红色的立柜引起我的好奇，骑车来到跟前，发现是一个新能源汽车充电站。这里有开阔平坦的水泥广场，绿树环绕，花草熠熠，如同一个小公园，这里距离传说中的蟠龙古战场不远了。近年来我国新能源汽车由政策推动转向了市场驱动，路上行驶的除了新能源网约车，家用电动车也越来越多。不足的是：新能源汽车销量持续攀升，但充电桩数量却跟不上步伐。目前全国新能源汽车与充电桩的车桩比约是3:1，即三辆车才有一个充电桩，仍存在较大的缺口。为了补短板，宁芜公路上也建起了这样的充电桩，出远门再也不用担心充电了。

郊野风情

过了芮村，穿过一座桥洞，前方便是天宝村。古时候村子里有一座古桥，相传元末陈友谅兵败于此，桥面突然变宽，陈友谅见状说："天保佑我也。"天保桥因此得名。民国时期曾多次翻建过，2007年在此建造了天保立交桥，连续跨越宁芜铁路、205国道、绕城公路，改变了长期以来铁路横贯造成的交通不便。都说大树底下好乘凉，这话不错。来到天保村，老远就看到一棵硕大的柳树，虽然已是初冬，柳叶却依然茂盛，阳光透过柳树叶儿的缝隙，稀稀疏疏地抖落在地上，站在树荫下，顿生一种清凉、一种安逸。此时正是正午时分，村子里很安静。柳树傍水，树旁池塘边也种植了美人蕉。走进村子，道路干净整洁，一排移动的公共卫生间立在路旁。村内外地租户较多，本地村民多是年纪大的老人。街道为深入推进古遗井片区"美丽乡村"建设，改善农村居民生活质量和生态环境，派物业公司进驻，每天都有专人进行管理。对于大多数城市居民来说，物业管理不算新鲜事，而在农村，这还真是新鲜事。

城里人平日生活在高楼大厦里，走在狭窄的街巷中，来到农村，看见绿油油的菜地，自然会无比激动。其实，每个城里人都有一个田园梦。想吃自己亲手种植的新鲜蔬菜，想培养孩子爱劳动、爱大自然的心性。农村有大量的闲置资源，城里有很多人想到村里体验田园生活，由于没有对接渠道，这样的愿望很难实现。西善桥街道的天保村和史村，离城区不算远，位于宁芜公路和绕城公路之间，天保村北面是一片开阔的平地，南面是岱山新城。蓝天白云下，一位农民正在锄地，蓄水沟由近而远，几块木板搭在沟渠之上，水波中倒映着茂密的水草，一派如画的田野风光，几条小鱼在水中欢快地游着，猛然燃起了我的绘画激情。如此美丽的景色，一定会吸引城里的孩子们来动动手、画画画。如果能开发创新，推出菜园认养"私家菜园"定制项目，由村民提供菜苗和种子，规划菜园子，指导栽植过程，也可以帮助除草、搭架等，一定会受到城里游客的欢迎。

站在田埂远望，菜地里有青菜、菠菜、花菜、黄瓜、西红柿、茄子、辣椒，还有西兰花、豆角等。你瞧，一棵棵大青菜，沐浴了温暖的阳光后长得更加旺盛，整整齐齐地站在那里，像一个个水灵灵的小姑娘，抖着翠绿的裙子翩翩起舞，有的已经被拔出地面，躺到地上，等着主人撒上盐巴，放进缸里。小油菜顶上长着一株株黄色的小花，这一朵，那一束，如同"皇冠"，好似女王。胖乎乎的花菜就像一个个毛绒玩具，团在一起，展露笑脸。菠菜青青翠翠的，颜值很高，不仅人们爱吃也好种，可以在秋季进行播种，直接撒播到翻耕好的土壤里即可，冬季和初春时便可采摘食用。四季豆是一年生草本植物，会开出漂亮的小花朵，使食材花园更有趣味，它对土壤的要求不高，容易种植，但是需要有支架供攀缘。胡萝卜适应性最强，通常在春、夏、秋季播种，种植后3个月左右就可收获了。此时萝卜叶子也伸开双臂，欢迎着远方的客人。

这片丰饶的菜地，早已蕴含了勃勃生机，刚刚种植下去的蔬菜幼苗，正沐浴着暖阳，在微风下摇曳多姿。不远处有一位挑着担子的菜农准备给菜地施肥。如今，以"亲近自然，回归自然"为主线，许多城市逐步兴起了"现代农耕体验型"的休闲方式。用农艺景观展现农耕文化，"城市菜园"项目应运而生，这是一种集生产、加工、旅游、休闲于一体而形成农村与城市协调发展和相互兼容的模式，能够提升城乡居民的参与感、获得感和价值感。菜农也强调：种菜是技术活，需了解不同作物的特性，不仅要了解土壤，还要了解水肥何时去用，才可以提高产量。城乡居民共同精心呵护着这些"无农药绿色产品"，让蔬菜的品质变得更好。一分耕耘、一分收获，如今村民们越种越有信心。我欣喜，距离城区这么近的地方，保留着这样一片菜地，十分难得，也十分宝贵。希望作为"城里人"不可或缺的"菜篮子"，史村这片菜地可以永久存在下去。

从油坊桥到古遗井，曾经聚集着数量可观的小土窑，这些土窑以烧制青砖、青色弧形小瓦，以及缸钵瓦罐一类的日用器皿为主。到了20世纪六七十年代，西善地区砖瓦制造业进入了鼎盛时期，全区先后有六家大型砖瓦厂同时生产，年生产量约7亿块，为西善桥经济发展打下了良好基础。如今，那绵延于铁路线的黄土丘陵已被芳草绿荫、蔬果菜地所覆盖。走进菜地，偶尔也能在田埂地头寻觅到一些砖厂留下的遗迹，有的地方已成为高压线铁塔的基桩。塔下白墙灰瓦，高低错落，景致迷人。塔上的高压线绵延数公里，沿着电线向远眺望，可见许多高楼大厦，高压电线与高楼天际线平行，看起来非常壮观。在人们眼中，高压线塔一般都是由光秃秃、孤零零的一堆钢铁架设而成的，但在画家眼中它们确实很美。20世纪六七十年代，很多山水画大家的作品中，都少不了这样的铁塔。比如钱松嵒的《今日江南分外娇》、傅抱石的《化工城》、魏紫熙的《江南春》等。

芦苇草在清凌凌的河水衬托下、在阳光的照耀下，欢快地跳起了集体舞，仿佛在为即将到来的冬天欢呼。是啊，对于喜欢欣赏大自然的人来说，芦苇草的确很漂亮。初冬之际，田野里，芦苇一色金黄，让人惊诧，不敢相信大自然竟能造出如此一番景象。微风徐来，金浪起伏，飒飒之声，委婉抒情，使人心旷神怡。芦苇草有着自己独特的性格，它们总是集群而生，聚众而长，好似一片浩瀚无边的林海，任你风吹雨打，都击不败它们；又似一个生生不息的大家族，永远都是那样团结一致、那样坚定不移。但是，它们疯狂生长，又成为菜地里讨厌的"毒草"，难以根除，菜农们常常为此而发愁。芦苇根部发达，除去上部，根部还会长出芽苗。只有等蔬菜收获之后，再深挖土地，除去芦苇的根，才算彻底清除芦苇。画中这片芦苇，兴许是菜农忙于农务，忘记除草，芦苇们乘机"野蛮生长"起来。而此时，你想除掉它们，都舍不得下手了，因为它们实在是太好看了。

长长短短，横七竖八的树枝，搭建在菜地里，从合适的角度看，也不失为一道美丽的风景。为什么要搭菜架呢？这是因为豇豆或者豆角等藤蔓农作物需要依附外物向上爬，这样才能提高产量和质量；如果没有菜架等外物可以攀爬，藤蔓作物就只能贴近地面，其叶片无法接受充足的光照，植株得不到更好的生长，产量低下，而且果实也容易被雨水浸泡而腐烂，或者被田鼠啃食。而西红柿、茄子等非藤蔓类农作物也需要搭菜架，这是因为它们的果实比较重，容易将植株压弯甚至折断，而菜架可以起到支撑的作用。如何搭建菜架也很有讲究，不同的蔬菜瓜果，有着不同的搭法，材料也有所不同。尽管搭建费时费工，但是瓜果蔬菜收获以后，之前搭的这些菜架就完成了它的使命。如果不拆掉这些菜架，经过长时间的风吹雨淋，它们可能就会腐朽，变为废柴。眼前的菜地里就有几根"废柴"，不过画在画中却能够充实构图，填补虚实，拉动景别，丰富视觉效果。

午后的小村子，空气中弥漫着太阳的味道，这让我想起一首西善民歌："太阳落山不落山，菜篮子打水上高山，鸡蛋碰碎鹅卵石，老鼠咬断铁门闩。"表达了西善人的乐观性格和生活情趣。南京冬天的太阳很金贵，时有时无，一旦太阳高照，家家户户都忙着晾晒，穿着带有太阳香味的衣服出门感觉很好。现在的城乡几乎家家都用上了洗衣机，但是晒衣服的方式各有不同。农村的住户大都有院落，晾晒衣物就比城里方便许多，随便拉一根绳子往树上一拴，衣服搭在上面，即使不是大晴天，微风吹拂，再厚的衣服也会晾干。缺点是各家各户东拉西挂，尤其是在树上钉钉子、绑铁丝，对树木造成伤害。还有的人干脆直接把衣物挂在树上，方便了自己，却给城市贴上了"不文明"的标签。近年来，西善桥街道针对这样的情况，搭建了许多"共享晒衣架"，过去那种乱七八糟的晒衣绳不见了，环境整洁了，同时也保护了树木。"共享晒衣架"晒出了幸福感，村民们直夸好。

西善桥街道未来将打造一座占地面积约32万平方米的黄村文化创意产业园，着力发展"大文创"产业。目前，黄村还正在建设中。骑车从宁芜公路往南，驶过天宝村、史村后，左转上坡，就进入黄村地块。泥泞的路面有些坑洼不平，路旁的建筑有的过于破旧已经被拆除、有的待加固修缮。环绕一圈，我感觉这里的地形复杂，道路曲折，给人一种进入游戏场景的效果。这也为打造文创基地，提供了极佳的硬件环境。文创园是文化生产与消费相结合，融工作、休闲、居住于一体，也是城市文化与娱乐设施在一特定区域内的集中体现。因此，人文环境是打造文创园区的核心。前些年各地大兴文创园建设，有的因定位模糊，造成一些文创园区开门"火"一阵后就变为门庭冷落的尴尬局面。有的文创园文化太少、商业太浓，名不副实，难以吸引有潜力的文创爱好者长久进驻。在没有形成有效的营利模式下，园区的人气更无法形成。经过几年时间的发酵，曾经声名鹊起的一些文创园在潮水退去后，开始进入新一轮的洗牌。

黄村工地上，碎砖碎瓦间，你还能看到一些遗留下来的造型很有特点的、年代感也很强的房屋。比如这栋两层独立小楼，并不亚于其他创意园区现今的建筑，布局合理，墙壁厚实，门窗既开阔又私密，还自带小院，绿树环绕。在黄村文创园区规划中，相信这样的建筑一定会大有用场。文创园区的打造离不开"好环境、好政策、好内容、好宣传"，其次文创园如何定位，决定了未来的发展前景。规划中的黄村文创园将围绕全新的文旅理念，在规划和建设中努力"破局"，以"新技术、新产业、新业态、新模式"为目标，全力构建一个新型园区。其功能，一是为西善桥市民提供一个参与体验提升美育的活动基地；二是打造一个吸引人流了解西善历史文化的旅游胜地。营造文化消费环境成为展示城市文化创意产业实力的窗口。因此，黄村文创园提出欲打造一个去围墙化的产业园，营造创意办公、人文商业、艺术生活、休憩居住、艺术教育、社区休闲、旅游观光七大功能的空间，满足人们不同的需求及喜好。

现在绿色草面围挡已经成为建设工地普遍使用的隔离墙，有一种自然绿植的肌理效果，取代了过去眼花缭乱的广告墙。沿着绿墙一直向西，墙头外远远看到一处西式古典建筑顶端，显得极其醒目，在这样一个偏僻城郊接合部的村庄里深藏着。来到门前，仿佛来到了北京"清华园"，大门似乎与清华大学著名的二校门相仿。黄村这处建筑大门在设计上，采用的也是古典优雅的青砖白柱三拱"牌坊"式建筑形式，不同的是门额上镶嵌着"肯信工学园"。从大门一侧的围墙往里眺望，园区里已建成好几栋大楼。建筑布局既凸显个体的差异性，又强调互联性，方便信息交流。从传统建构角度与现代透明理念考虑，黄村改造项目采用自然力的表达方式衬托结构空间，使"旧建筑活化"，让老旧街区以新生的姿态，重新走回大众的视野。

黄村现在还住着不少居民,安静的街道上,小朋友们常带着小狗狗散步玩耍,自由自在的样子,让我想起小时候特别想拥有一条小狗,但始终未能如愿。天气很冷,阳光充足,姐弟俩都穿着卫衣,弟弟将衣帽扣在头顶,一边走,一边和姐姐聊着说话,身后的小黄狗不知听到了什么声音,扭头回望,脚步没有停下。街道中央绿色隔离带很长,隔离带里的住户要出门,似乎只能绕到出口。居民房屋前,挖开了长长的壕沟,看似要预埋各种下水管道。等路面修缮好,沿街将会展现园林般的景致。据说,黄村文创园聘请了知名园林设计公司为园区量体裁衣,引入的观赏性植被与园区原本植被和谐相融,打造成绿树成荫、蜿蜒巷弄、砖瓦环绕、错落有致的生态园区。使得每一条通道、每一处转角,都展现出别具匠心的景致。黄村文创园将把旧城改造与产业更新有机结合,既保留生态本色,又引入新型业态,探索出绿色、共享、多赢的城中村改造新模式。把"死资源"变成"活资产"。

如今的黄村最吸引人的地方是"黄村垂钓中心"，这是一片面积不小的池塘，周边古色古香的长廊相连着六角亭子，亭子倒映在水中，化作曲折的条条水波，非常迷人。池塘中央金黄色的芦苇相拥着一个小角亭，水鸟们一会儿栖息在芦苇草上，一会儿戏水在水面，一会儿沐浴着喷泉洒下的水花，忙个不停。小黑狗奔跑在岸边，追赶着前方的小主人，一片和谐暖意的冬日景象。其实像黄村这样的村子，南京过去有很多，这样的小池塘则更是数不胜数，在老照片中可见一斑。查阅资料得知，西善桥历史文化厚重，很多地名是以姓氏取名，如贾东、史村、黄村、汪村、刘家村等。1949年后，当时的古遗井、史村、黄村划归江宁桥北乡，三村并称"文殊村"。

"文殊"一词有"妙吉祥""妙德"之意。起名"文殊村"，或许就是那时的人们想借"文殊"二字，求得智慧和吉祥。1958年后"文殊村"又划归板桥公社，改称"爱国大队"。如今，"文殊村"的名字虽已成为历史，其文化气息至今仍让人回味。

我曾经看过导演张艺谋电影《悬崖之上》的采访，在片场搭建中，他对美工师一再强调，要多安置一些电线杆，电杆高度要压低，不能冒出镜头之外，电线要密密麻麻，尽可能的多。当时我费解。后来去影院看了电影后，我才知道了其中奥妙。作为影像艺术的电影，其画面要给观众带来视觉的丰富性，电线杆和密布的电线，恰好就能产生较好的视觉效果，并且能够真实还原年代感。如此说来，张艺谋如果当时能来南京西善桥的黄村搭景拍摄，一定能够省去不少经费。无论你走在黄村哪条街上，都能看见电线杆的存在，而且电线疏密错落，方向不一，非常具有画面感。在画中如果去掉这些繁密的电线杆和电线，天空就会显得苍白无力，毫无节奏可言，街上的人物也会显得呆板，缺少活力。电是一种能量，通过电线传递的是动能、是光明。现如今，如果没有了电力，生活将会寸步难行，不敢想象。现在的城市已经很少看到低矮的电线杆和电线，都埋进了地下。想看，来黄村吧。

黄村的地形多变，道路纵横，沿街的各色店铺鳞次栉比，有不少小饭馆，经营非常有特色。画中的这家小饭馆处在小高坡上，三面有路，市口很好。门前的道路即将整治修缮完成，只见店铺关着卷帘门，紧挨着停靠着一辆白色的面包车。门前的这对夫妻，整理着包裹，配合默契。黄村里的民居虽然没有城里的高楼华丽，但很有年代感、很市井、很有韵味。民居结构上也没有现代建筑那么复杂，三角形的屋顶与周围的树木形成较好的视觉组合。场景速写，就要用较快的速度来描绘建筑、环境及人物，不仅速度上要快捷，而且也要求观察对象的敏锐度。需要绘画者手、眼及脑并用。在风景画中，房屋一般是画面的中心，因此对房屋的刻画应当有主次，做到重心稳定、结构合理、比例恰当、透视准确。速写是一种即兴的表现手法，需要画者有临场随机应变和驾驭复杂画面的能力。画上这对夫妻，是在我速写过程中，突然闯进画面的，他们淳朴的姿态，恰好为画面增添了一些生活气息，我便快速把人物加进了构图，使画面鲜活起来。

在日益喧闹的现代大城市里，只有穿梭在城中村，才能找到内心的宁静，感受到朴实的人间烟火。来黄村采风已经好几天，虽然道路坑洼，但每天都有收获。行走在小街小巷中，有时突然一回头，一个场景就闪现在眼前，看似一幅画，不得不动笔。迎着上午的阳光，空气中能嗅到太阳的味道。家家都把家中的被褥搬出来晾晒，屋檐上也挂满了五颜六色的衣裳。衣下停着小轿车，这已是村里的常态。大妈们隔着小街，聊着家常，年轻人拿着铁锹，精神抖擞地去上工，一切都很平静和谐。村子里的建筑不像城里那样排列有序，而是老屋新房夹杂在一起。哪怕是再老旧的房子，也总是能看到有人居住的迹象。村民种的藤花攀爬在红砖的墙面上，一棵棵大青菜摆在窗户前，沐浴着阳光。这里远离城市的喧嚣，还原着田园般的恬静。不知道你是不是也想体验一下这里的生活。也许未来的某一天这里也会消失，代替的是一幢幢高楼。

父亲蹲在门前抽烟，儿子出门拉货，这叫"货运父子兵"。在黄村里，有的父亲并不想让孩子加入货运行业，因为跑车多年的人深知其中的辛苦。但年轻一辈不这么看，他们不会再像父辈那样蛮干了。年轻人买一辆小货车，在南京周边跑短途，加入网络平台，随时都能接到业务。画中的这位车主和新一代的年轻人一样，观念更新很快，进入大数据时代，有了网络平台后，找货源比以前的小黑板通知方便多了，也不用跟人挤，也不需要看资源关系，基本都是依靠着网络配货平台，既省事又省时间。相比打工来说，货运这个行业相对自由，收入也不错，并且有时间兼顾家庭，还能时常回家，陪陪家人，幸福感很强。对于留村创业的年轻人来说，或学门手艺，或手握方向盘盯紧前方，靠自己的努力改善着自己和家人的生活，看到的是希望。

时代进步，城市发展，离不开工厂车间。古遗井社区靠近黄村的是丁家洼，这里遍布着许多工业厂房、库房。一路骑行，看到各种制造和加工企业，有衡器、木器、家具、涂料、石材、板材、管材等，还有建筑、装饰的安装和配套产业。有的厂房里机器轰鸣，车辆进进出出；有的厂区大门口堆放着大量货物，等待运输。我想硕大一个南京城，建设项目逐年增多，一定离不开这些小企业的服务。像黄村、丁家洼这样的地区离市区不算远，又有空间可以施展，自然会引来一些企业。由于地形复杂，小企业小工厂众多，这里也出现了房屋破败、设施陈旧、环境脏乱的"死角"，严重影响着城市的美观。如何改善城市生态环境、提升城市形象及品质、激发城市活力，让城市焕发新生机。西善桥街道正全力推进该片区环境整治，逐步清退、拆除城中村的低端业态、厂中厂，释放区域发展空间，大力植入特色产业元素，落实"扮靓"举措，让破旧现状实现"美丽蝶变"。

当今，城市不断发展提升，一座座高楼拔地而起，而夹在城区间的城中村便成为特殊而具有魅力的地方。西善桥街道古遗井社区风景如画、鸟语花香，随处可见一道道美丽的风景，像丁家洼这样的景色，城里很难再看到了。远处朦胧的天空一望无际，近处地势开阔的广场上屹立着历史风情小楼，造型优美的大树坚守在山岗上，见证着曾经发生的故事。虽然村里遍布普通民房，不过中间还是保留了一些有历史价值的老房子，有的在主路旁边，有的在小巷子里，这些老房子大部分仍有人居住。住在村中，尽管看上去并非城里那样的热闹，可这里承载着打工人对自然生活的眷念。在辛劳之余，看着身处的美景，也能感受到工作以外的开心。未来可期，黄村文创园提出欲打造一个去围墙化的产业园，营造创意办公、人文商业、艺术生活、休憩居住、艺术教育、社区休闲、旅游观光七大功能空间，吸引更多城里人来享受慢生活的美好。

在水一方

今天，漫步在新建的西善桥大桥下，听着风声和涛声，看着河岸垂钓人，心情荡漾，思绪万千。历史上西善桥确有一座古桥，但原桥已毁，年代也无从考证。1979年开挖秦淮新河时重建新桥，后扩建为现在的西善桥大桥。西善桥，如果从字面上理解，"西"是指地理位置，"善"是指行为，"桥"是连接两岸的建筑物。在中国古代，历来人们把"修桥筑路"看成是最大的行善积德之举。现在的秦淮新河的故道古时候称"新林浦"，是一条起自牛首山，流向长江的河流。当年河上并没有桥梁，给两岸百姓出行带来了极大的不便。乐善好施的牛首山僧人们四处化缘，用了几年时间终于凑齐了费用，在牛首山东、西各建一座三孔石拱桥，人们把这两座桥分别取名"东善桥"和"西善桥"，距今已有1000多年历史。西善桥建成后，这里便成了当地的地理、经济中心，商业也逐渐发展起来。时代滚滚向前，壮观的西善桥，你承载着西善厚重的历史，连接着西善美好的未来。

我曾听过网络上大学生创业卖鸡蛋的故事,没想到能在西善桥下真实地遇见。本想下桥去寻找河岸的风景,结果被一阵吆喝声叫停,我将电瓶车停在岸边的堤坝上,拿起了画板。这是一群充满青春气息的年轻人,看似应该都是95后吧,个个精神昂扬。一位靠路边的男生说着他们培育的鸡蛋如何好,另一位女生站在身后补充,另一位高个男生则招呼人们到台子前看看,中间的一位中年男子估计是老师,他耐心向一位大妈介绍鸡蛋的优点。我把这种营销比作"学院派"鸡蛋,因为学生们懂得策划、懂得包装,有小包装,也有大包装,可供选择。学生说:为保证土鸡蛋的质量和原生态,他们会定期观察养鸡场的喂养情况,还利用大学所学的科学知识,分辨母鸡是否滥用激素和抗生素、鸡蛋蛋黄是否注射了色素等,让购买者吃上"放心蛋"。为什么要选在桥下卖鸡蛋,学生笑着回答:这里风景好,来此散步锻炼的人多。风景好,心情自然就好。最开心的不是赚了多少钱,而是证明了自己的社会价值。

游走在秦淮新河的岸边，风吹拂着我的脸庞，随风飘拂的芦苇草，扭动着腰肢翩翩起舞。古人云："三分秋色一分芦。"《诗经》开篇："蒹葭苍苍，白露为霜。所谓伊人，在水一方。"其中，蒹葭就指芦苇。唐朝诗人刘禹锡笔下的"芦苇晚风起，秋江鳞甲生"，更是用飘荡的芦苇花，将景色描写得格外动人。芦苇依水而生、依水而盛，成为初冬秦淮新河一道清雅脱俗的风景。如果你错过了银杏黄、枫叶红，可不要再错过这诗情画意的芦苇草。凌波桥横贯南北，近处芦花迎风起舞。在这里静立观赏，远望西善桥，又是一番风景。桥下碧波荡漾的秦淮新河于1975年开工建设，这是一条集泄洪、抗旱、灌溉、航运等为一体的人工河。秦淮新河工程算得上是当代南京投入人力最多、施工时间最久、开挖河段最长、对秦淮河水系影响最为深远的一项水利工程，也成为南京水利文化史上重要的印迹。如今的秦淮新河风景秀美，成为市民休闲的好去处，更在防洪防汛和治理水患中发挥了巨大作用。

在城市森林里生活得太久,每天忙忙碌碌,少有机会静下心漫步到秦淮新河边,欣赏缓缓流动的河水,看看岸边运动休闲的人群,也是一种乐趣。西善桥西岸的滨河步道,通过改造提升,河岸功能不断拓展,有层次丰富的花卉景观、五彩斑斓的健身步道,还有各种运动器械,以及帆布亭子长廊,展现出自然与城市的完美融合。水清、岸绿、河畅、景美的环境,成为市民运动休闲、健身娱乐的好去处。这里空气清新、环境优美,沿着河边慢慢走,心情非常舒畅。也可以约上三五个邻居或朋友,坐在凉亭下,打打牌、下下棋。河岸上跑步健身的人挥汗如雨,散步休闲的人不紧不慢,时而拍照,时而发朋友圈。长廊旁边的绿化带,不仅栽种松树、女贞树、玉兰树、枫叶树,还种植了月季、美人蕉、大花栀子、阔叶山麦冬等观赏植物,它们将河岸打扮得五彩缤纷、花枝招展。

此时，冰冻季节尚未到来，平静的河面上，漾起一道道波纹，把大树倒影打得散乱。西善民歌里有一首民歌《冬季九九歌》这样形容南京的冬天：头九二九，闲人怕出手；三九二十七，麻油冻成蜜；四九冲心辣，河里冻死鸭；五九四十五，回家把钱数；六九五十四，蔷薇发冷刺；七九六十三，行路扒衣裳；八九七十二，走路带个扇；九九百花开，有寒也不来。今年的冬日阳光特别给力，我采风写生的这些天几乎都是蓝天白云。看着长廊里围拢观棋的人，感觉特别好，只是自己没有时间前去凑个热闹。我想乐子不仅在下棋的大爷，还在于围观的众人。围观者，有下棋高手、有臭棋篓子，也有压根儿不会的，但他们都有一个共同点，就是会指指点点。我作为观察者、绘画者，听不清他们说什么，看的是他们的表情和身体动态。有意思的是：围观下棋最早可追溯到春秋战国时期，象棋也早在唐代就有了，但这样的场景，我想古今几乎差不多吧。

晴朗的冬日，秦淮新河岸边的帆布亭长廊下总是热闹非凡，大爷大叔们下棋遛鸟，大妈大婶们晒太阳闲聊，成为水岸又一道动人的风景。太阳温暖着他们，仿佛时光已凝滞。我放慢脚步，从他们安然的表情中，似乎看到了自己家中的老人，那么亲切，那么自然。老人家喜欢聚集聊天，是一种生活习惯，也是一种传统。记得小时候，一到冬天，街坊邻居老奶奶们就开始成群结队地聚在有太阳的墙根里一起拉家常。有的坐在小板凳上，手中衲制着鞋底，时不时用针尖刮着头皮，身旁的摇篮里睡着娃儿；有的手中拆着线头；有的糊着纸盒；有的补着袜子，都是为挣个几毛钱过日子；有的即使笑得老花镜快掉下时，也不敢用手去挠，生怕豆皮上的绒毛扎了眼睛；她们的话虽多，但个个手都没闲着。现在眼前的奶奶们，日子过得比过去好多了，头顶戴着毛线帽，手上戴着手套，保养得都很好。一位老奶奶说：疫情期间，他们仍然来河岸，但大家都自觉得戴着口罩，坐在划定的座位上聊天、晒太阳，积极配合着社区的防疫工作。

秦淮新河风景如画，河岸偶有与草木相衬的文化元素及动漫雕塑作品，为河滨步道赋予了新的生趣。眼前的这尊小黄人雕塑总是乐哈哈的，张开大嘴，露出白牙，似乎与路人打招呼。小孩子们在此游玩，观赏着河水的波涛，也像河岸上这具"小黄人"一样绽放着活泼的笑容。河里的船只鸣着汽笛声由远而近，而孩子们的笑声则由近及远。2007年《神偷奶爸》首部动画电影拍摄时，为了增加更具创造性的元素来丰富影片的趣味性，主创设计了一群令人捧腹大笑的小小跟屁虫，"小黄人"由此诞生。时至今日，小黄人的热度依然不减。但现在小黄人已经跳脱出单部电影里的配角角色，成为跨界明星、"贱萌"文化的代表符号。小黄人追逐的梦想在外人看来不足为道，却依然乐此不疲，并且具有一种自嘲精神，这正是受年轻人喜爱的原因。

放电缆、拉电缆，电缆在电力工人手中宛若一条游龙，随着铿锵有力的口号声往槽盒机器中缓缓移动。在西善桥街道新河街的南京市西善桥小学门口，电力改造工程项目正在紧张进行，我刚好路过，感到非常亲切。也许是想起自己年少时曾经也是一名电力工人，爬电杆，拉电缆，架电线，一干就是5年。我很清楚，在冬季严寒中，尤其在北方地区，电线、电缆通常会有变硬、剥落或绝缘涂层损坏等现象。有时在零度以下，需要使用加热器或其他设备为电缆线"热身"，以此达到最佳性能状态。此时路上又开来一辆重型卡车，一辆起重机的轰鸣声突然加大，裹着绿色铁皮的电缆线盘被缓缓吊起，在工人们的注视下，这个庞然大物被吊到一旁的放线架上。几名工人立刻拥上去，默契地分工给电缆盘"拆封"，两个人举臂抓紧电缆盘一侧，用力下蹲用身体的力量使电缆盘转动。外线电工是一种"上天入地"的艰苦活儿，考验的是胆量和耐力。

近些年,城市的街头巷尾、农村的田间地头,随处都悬挂着反诈宣传标语,这些有创意的标语言辞生动、贴近百姓,能够走入广大市民的心里。例如:"网贷免息无抵押,何不送钱到你家?""冬瓜黄瓜小南瓜,不做被骗小傻瓜!""香菇蘑菇金针菇,弹窗提醒别疏忽!"西善桥新河街路边围墙上的这幅标语更是风趣直接:"美女裸聊你别看,屏幕那头是大汉。"字不多,却直击要害。悬挂标语这种主动防范的宣传工作,不仅走进街道,也走进了社区。这些标语通过碎片化、叠加式的宣传,市民的防范意识逐渐增强。现在,去银行、菜场、奶茶店、打出租、接短信,甚至去拿个外卖,都有提醒你不要被骗的宣传广告。一句句朗朗上口的"反诈标语",不仅通俗易懂,而且收效明显,这无疑是一种既"接地气"又"有创意"的反诈"小妙招"。这样的"反诈标语"融入日常生活中,民众看得多了,自然而然就会多一分警惕,少一分受骗。

从云卷云舒到日出日落,从晴空万里到阴云密布。一日复一日,秦淮新河的护河人员都常年坚守着这片水域,肩负着防汛的重任。在秦淮新河沿岸的建筑中,河岸边凸起的一个造型与众不同的建筑物,显得十分特别。走近才发现它并不是一处游人的观赏地,而是一座新型一体化水泵站。我们知道,在市政建设中,水泵站是城市给水和排水工程中必要的组成部分。像这样的提升泵站,主要是解决水资源调配问题,防止地势低洼地区形成内涝,使管道排水稳定、流畅。站内需要安装轴流泵、漩涡泵、螺旋离心泵等一些特殊的设备,因此水泵站经常作为一个独立的构筑物而存在,显得突兀也就不奇怪了。除了水泵站,每到汛期,护河工作人员都要时刻警惕,查看水位,查实汛情。远处打捞船上,还有河水的"美容师",他们每日忙着清理塑料瓶、塑料袋、水草、枯枝等,还一个"碧水清波"的秦淮新河。

骑车沿着守正路来到秦淮新河北岸，这里是一座为建造大桥而修的便桥，从桥上向西看，一座巨大的塔吊直立天空，塔下是正在浇筑的桥墩。工地上黄色脚手架错综复杂，外面用蓝色纱网覆盖。在天空的辉映下，河面倒影中仿佛再现了塔吊，碧波中桥墩时隐时现，甚是好看。从工地告示得知，这座便桥将于大桥建成后拆除。目前秦淮新河上已建成的大桥有20多座，有市民统计为：河定桥、站东桥、曹村桥、机场路桥、机场路过河管道桥、机场二通道河大桥、将军路秦淮新河大桥、京沪铁路桥、王燕街过河管道桥、铁心桥、126省道在建桥、梅山桥、红梅桥、西善铁路桥、西善桥、G42秦淮新河大桥、格子桥、龙藏大道秦淮新河大桥、秦淮新河水闸（保双桥）、天后大桥、刚建成通车的岱山东路北延桥，还有规划中的梅苑南路大桥，此外，为打造"新时代山水城市主轴"，秦淮新河入江口将架起一座景观步行桥。其概念来源于对"游远"的构思，将"三远"的感知概念整合在一座桥梁的三条观景路径之中，创造可景、可观、可栖、可游的诗意步行体验。

走在南河东岸步道上看对岸的西善桥老街又是一番风景，老街呈东西偏南走向，总长大约600米。夕阳下，老街的老房子呈现出一种非常有韵味的构图，一座座灰色瓦顶，一面面红色砖墙，或高或低，或宽或窄，形成了一幅美丽长卷。不过，由于时代久远，老街也夹杂着不少已破损的老屋子。为了打造既能传承历史，又能适应现代社会需要的活力街区，让这条名街整体美观靓丽、交通方便通达、公共设施齐全、居住环境优美，新的保护规划已在编制当中。该规划不同于普通片区城市改造项目，提出了尽量保留原民居，尊重并保持现有建筑风格特征，让原居民积极参与城市建设和改造工作中的新模式，引导原居民及商户合作共建，保留城市文脉和延续城乡活力，同时针对街道景观及空间进行综合设计，从而实现美化与实用相结合的目标。让居民共享城市发展红利，从而达到安居乐业、和谐共享的目标。

油坊福润

近些年来，各式各样的小区建设日趋完善，对于生活在城市里的我们来说，小区就是我们的家，对于小区的环境人们也有了更高的要求，除了用绿地、植物来装饰小区环境外，也越来越多地使用雕塑艺术品。在福润雅居小区街心花园，看见绿植丛中屹立着一座大型不锈钢雕塑，十分壮观，为小区环境锦上添花。这座雕塑的腰身是一个半月造型，中间斜插一个圆锥，直上云霄，三根圆柱斜撑在旁，圆锥尖顶上镶嵌着一颗亮晶晶的圆球，象征一种勇于攀登现代科技高峰的精神。雕塑正前方的花草中，立着一本打开的书籍，寓意着知识改变命运、知识创造未来的决心和力量。是的，雕塑在居住区环境中扮演着不可忽视的角色，它能创造出人们愿意交流、充满活力的场所。这充分体现了西善桥街道将文化和艺术融入百姓生活的具体实践。西善桥街道福润社区共有七个小区，游走一圈发现，随处都有文化和艺术元素，真为居住在福润社区的2万多居民感到高兴。

"安得广厦千万间。"早就听说西善桥街道福润社区有位优秀的民警崔圣菊,从警20余年,情系百姓、为民尽责,用实际行动演绎了新时代警民鱼水情。此次采风,虽然没能亲眼见到崔警官的风采,但我身处福润雅居小区,处处能感受到她的身影。整齐的住房、干净的环境、优美的绿化、宁静的氛围……眼前的一切都让人感到格外舒心。不远处的广场上有一座长廊,名为樟香园,居民们围坐在一起,喝茶、下棋、晒太阳,享受着惬意时光。小区以共建共治的模式,组织开展政策宣讲会和民情恳谈会、与困难户结对帮扶、夜间巡逻、便民服务等措施。针对福润社区出租户较多、流动人口较多的现状,崔警官通过研究总结,推出了"房屋出租户标识化管理""流动人口一袋式管理""一群一号"社区版微警务平台等,成为全市首批应用于社区警务的示范点。一系列有温度、有热度、有力度的服务措施,让居民提前拥有"智慧+"生活品质,幸福感日益剧增。

商业街区是城市空间中最活跃的因子，是城市中心职能的承载要素之一，也是促进城市繁荣、体现城市活力的重要载体。一般商业街区是由若干条商业街组成，这些商业街在空间形式上可以相邻、平行、相交。除了道路和建筑以外，还会有大小不一的广场、景观小游园等节点空间。西善桥街道福润社区辖区内的商业街区，便是这样一个商业街区，多以现代建筑风格为主，功能以满足现代消费者基本需求为主。作为一个开放型的商业街区，现在已经成为周围居民选择频率极高的去处。街边的善水湾广场多次成为街道举办大型文艺活动的主场地，每年上演各项深受市民喜爱的民歌传唱、诗歌朗诵、读书分享、科普讲座等一系列活动。在用好、用活文化资源"富矿"的同时，活跃了社区群众的精神文化生活，同时也把奉献、互助、进步、友爱的"向善"精神传达到千家万户，从而提高居民的主人翁意识。

这是一个周日，上午十点多，福润商业街上的人逐渐多了起来，人行道边的一排电瓶车中，停着一辆"五花大绑"的电瓶车，一个举着气球、身材瘦小的女孩，注视着每一位来往的行人，身旁是坐在另一辆三轮电瓶车的妈妈，车后插着一根拐杖，看来她是帮着妈妈在步行街卖气球。此时，正好跑过来一个小姑娘，她似乎刚学会走路不久，被眼前五颜六色的气球所吸引，跟在身后的年轻妈妈立刻走上去买了一个卡通图案的气球，孩子开心地直跳，跟着飞舞的气球跑了起来。年轻妈妈拿出手机扫码付钱，卖气球的小姑娘摇头，说钱给多了。年轻妈妈坚持说不多，拒绝退还，然后去追赶女儿，用手机拍下孩子欢快的画面。看到此情此景，真像是小说中的描写，更像是电影中的情节。在这个冬日，人间温暖，无处不在。这时，我才仔细观察起这些彩色气球，有梅花鹿、长耳兔、绿恐龙、大鲤鱼、胖娃娃等，它们个个憨态可掬、随风舞动。

善水湾，一个好听的名字。在西善桥街道福善路1号有这样一所以"善水湾"命名的小学——南京市雨花台区实验小学善水湾分校。学校门前道路宽阔，校园美丽。"善水"来自成语"上善若水"，出自老子《道德经》第八章："人生至善如水，善利万物而不争，而夫唯不争，故天下莫能与之争。"意思是说水善于帮助万物却不与万物相争。用在校名上可以理解为：身居教师者最好的行为应该像水一样呵护学生，犹如水滋润万物而不与万物相争。"上善若水"乃是教育之本，"善水"就是用水的特征与作用来比喻最优秀的教师所具有的人格魅力与品行，也就是用水来警喻人、教育人。在这所学校，学生们的"德智体美劳"得到了全面的发展，特别是对美育的重视，增强了学生的内心素养。在庆祝中国共产党成立100周年之际，学校开展了"四史"学习教育，学生们在暑期创作出了一批优秀的红色绘本故事，于秋季开学举办了"红色绘本我来画"学生绘本展，吸引了全校师生及社会的关注。

资源回收大有可为。有人对城市中丢弃的废品嫌而避之，有人却将其视为珍宝。西善桥街道福润社区的商业街上，店铺一家挨着一家，自然每天会产生许多丢弃的废品，比如包装用的纸箱子，这些东西全都可以回收加工，再生利用。当今，回收纸箱子已经成为城市里的一个职业，甚至有大学生创业做此行当，通过互联网平台，建立一条龙服务体系，不过更多的还是以中年人为主。画中的三轮电动卡车货箱已经装得又高又满，车顶上的中年妇女一边用脚踩着纸箱子，一边用手捆着绳子。车旁的中年男人递完纸箱在观望，看是否需要搭把手。两人动作麻利，配合默契，应该像是一对夫妻，背光的身影十分入画。我快速画下他们的动态，似乎不必修改，构图自然，虚实得当。右侧我留出了一点空间，给画面带去想象。店老板说：以前这样的废纸箱都是随处乱扔，自从有人上门收废品后，他们就把废品分类，存放一段时间就卖点钱，也减少了废品对环境的影响。

南京有从"一"到"万"的地名：一人巷、二水亭、三坊巷、四根杆子、五府园、六度庵、七贤坊、八角井、九兜巷、十间房、百步坡、千佛庵、万岁桥。可惜这些地名大部分已经消失，包括花露岗的"七贤坊"。如今在西善桥辖区内有条路名叫"七贤街"，三个楷体金色大字刻在貌似"宫山"的高大崖壁上，十分醒目。前面一排姿态各异的大树仿佛在述说着历史。1960年，南京西善桥钢铁厂选址时在宫山的小山坡上发现了一座古墓，这是一座东晋晚期的贵族墓室，规格颇高。尤其令人惊叹的是：墓室中有一组砖画，拼接起来后是完整的画面，此画即为闻名于世的《竹林七贤与荣启期》，现珍藏于南京博物院，为镇院之宝。整组砖画分列两壁之上，一壁模印有阮籍、嵇康、山涛、王戎；一壁模印有向秀、刘伶、阮咸和荣启期。这组砖画以线描为主，刻画的八个人物栩栩如生，是我国迄今为止发现最早的两晋时期的砖画真迹。七贤街的名字也是由此文物的发掘而来。来往奔波于此的人们，在歇脚的时候，留心观察，兴许能感受到历史文脉的气息。

一路采风，也有经常迷路的时候。这天午后，当骑行到油坊和福润之间的区域，周围全是大片工地，没有了建筑物作为参照，有点蒙了。这里的道路规划宽阔，但路牌很少，行人更少，只能寻找路牌。来到守正路和华新路一带，主干道目前能够通车，但车辆稀少，因工地阻隔，一些原本带有红绿灯的路口已封闭。转了一圈，发现了"山涛路"和"向秀路"路牌，心里一阵激动，原来"竹林七贤"在这里又"活"了起来。这两个名字是再熟悉不过的"竹林七贤"中的两位，竹林七贤是名传千古的文人雅士，这两条路名可以和附近的七贤街相呼应。目前"山涛路"和"向秀路"虽挂上了牌子，但并没有录入市政道路系统，因此导航也搜索不到。如果道路规划能再增加"阮籍路、嵇康路"更好，路人可以借此了解历史。此时远看，道路上的工程车一辆接一辆地停靠在路边，巨大的挖掘机正放下挖斗，打算"午休"，工人们也准备用午餐。乘此当口，我拿出了画本。

西善桥街道有个油坊桥社区。既然叫"桥",那么桥在哪里呢?带着疑问,我骑车前去探访。先找到了油坊社区党群服务中心,这里的道路是刚修好的,市政工人正在加固窨井盖。询问小区门卫说:公路为"两桥"合用,东边是铁心桥街道,西边是西善桥街道。打听油坊桥的位置,门卫也说不清。我查阅资料得知,历史上确有一座油坊桥。清朝年间,这里以碾槽、碾砣、轧油为主,制作食用菜籽油、芝麻油和肥料用的油饼,油坊名声很大,方圆几十里的人们都来换油,油坊村名字随之诞生。20世纪30年代,在西善与沙洲之间的小行河上,曾经修建过一座小桥,原名叫"中和桥",后来木墩损坏,桥废弃了。1943年后,政府在其东侧又补建了一座水泥农用桥,人们为了纪念这里有过的油坊,取名为油坊桥。80年代,距离小桥百米外,又建造了新的油坊桥。进入21世纪,随着绕城公路建成通车和205国道扩建,油坊桥完成了其历史使命。

从油坊桥社区回来，途经贾东村，这里地势较高，不远处有水系，早在明代时窑业已经初具规模。此时听到前方宁芜铁路道口铃声响起，火车要来了，只好远远地停车等候。看见一位时尚女子骑着共享单车也停下，也许骑车骑累了，她将自行车停靠在路边，我用画笔勾勒下她的侧影。细看发现女子身后的围墙内，一台挖掘机正在工作，旁边还停着一辆渣土车，轰鸣声与道口铃声混杂。女子边走边看着手机，似乎习惯了这样的声音。围墙外，一排冬青绿植高出人头，郁郁葱葱，十分好看。绿植中伸出的电线杆子上盘旋着一圈圈电线，腰身还缠绕着枯黄的藤蔓，像是一杆"红缨枪"。围墙内的这些藤蔓，春夏时节应该绿油油，原本是住宅小区的景点，估计是长势太好爬上了电杆，又因为担心给旁边两根电杆上的电路分配器开关带来隐患，于是将藤蔓剪断，留在电杆上的一小截藤蔓逐渐枯萎，形似"鸟窝"状，也算是冬季里路边一道独特的风景吧。

远处是窑址留下的堆土坡，坡下停着几辆绿色小型渣土车，一位司机从工地大门走出，手里举着水杯。路上，一对夫妇牵着小狗，夕阳下留下了他们清晰的身影。尽管周边全是工地，渣土车来来往往，路人依旧在此散步，原因是现在的渣土车全都是新车型，不掉渣土，工地也不再尘土飞扬。过去的老式渣土车为国三、国四排放标准，上装也没有密封装置，运输过程中容易造成尘土掉落，个别司机驾驶操纵车辆时行为不规范，超速、超载、不按照规定路线行驶，容易造成安全隐患。而现在的渣土车，是从环保、安全与智能一体三方面综合研制出的全新智能型渣土自卸车，采用绿色动力设计方案，满足国五以上排放标准。另外，新一代渣土车底盘也进行了改良，降低车辆重心，加宽车架，使车辆更加稳定，不论是行驶过程还是卸货时，都不容易发生侧翻。车上还配置有防疲劳驾驶设备，自动判断司机是否打瞌睡、低头看手机等危险行为，减少了交通事故发生，从而对市民和司机的人身安全都有更好的保障。

深厚底蕴

从油坊桥社区出来，沿着守正路进入油新线龙西路，前方出现一个岔路口，道路中央有一个环岛，岛上矗立着一座硕大的铜质雕塑，名为"百鸟朝凤"。大小不一的飞鸟，层层相叠，飞向云端，寓意着团结向上的力量。雕塑身后是西善桥社区卫生服务中心，大楼墙面上镶嵌着绿色字牌，应该是全国统一形式，很好识别。这是一处环境宁静的地方，环岛四周密布着数十年的梧桐树。在这样的初冬季节，梧桐树也是最美的时刻，金色树叶在空中随风飘舞，有的叶子滑过金黄色的雕塑，慢慢落在地面，车轮驶过，秋叶被再次卷起，飞向空中，让我想起麦家小说《风声》中的描写。我躲在树影下，快速勾线，很想抓住瞬间的感觉。我小的时候住在新街口环岛附近，不远处就有一家卫生所，看病十分方便，后来不知为何取消了，看病非得跑大医院，一次小感冒要耗上一整天。如今恢复这种社区基层卫生服务中心非常好，有利于改善社区居民看病难的状况，从而提高人民生活水平和生活质量。

南京是山水城市,风景秀美,也是"绿色长廊"最多的城市,不论是钟山风景区的陵园路和灵谷寺路上的林阴大道,还是北京东路、北京西路、黄埔路上的林阴道,均闻名天下。春夏秋冬,年复一年,路上的人换了一拨又一拨,只有梧桐树在路的两旁静默相守,用生命诠释"城是南京城,树是梧桐树"的专属浪漫。这里要介绍的另一处林阴大道,地点就位于西善桥的梅山工业区。从西善桥街道社区卫生服务中心出发,顺着油新线向南,路过梅岭小区,门前的三岔路口立着"高头大马"银色雕塑。跨过秦淮新河上的梅山桥,眼前就是梅山林阴大道。林阴道途经梅山第二中学、梅山高级中学、梅山体育场、点将台公寓,一直到梅欣小区、梅山住宅区。沿路两旁高大的梧桐树枝繁叶茂,完全覆盖了整条道路,几缕阳光从枝叶的缝隙间洒落,两侧灌木林深处,不断传来鸟儿悦耳的鸣声,环境极其幽静而美丽。画中的这段路,位于梅山二中门口,电影《七月与安生》在南京拍摄时就看中了这里。

梅花是南京的市花，春天开满梅花的梅花山是南京人赏梅的好去处。此外，南京还有个梅山，它与梅花山则是两个地方，位于城南西善桥街道区域内。梅山还有个神秘的称号叫"9424"。对于老南京来说，提起这个称号就会竖起大拇指，满满的羡慕，因为这里等于是一个"小上海"，是一个特殊的生态圈，工厂、医院、电影院、学校、食堂一应俱全，甚至有自己的小火车。这里的职工每年能享受煤气补贴、电费补贴，以及逢年过节冰箱装不下的副食品。当年还因为梅山有"天线锅"，可以收看香港的电视节目，令不少城里人"妒忌"。据说，梅山的建设有些传奇，20世纪50年代，先是有飞机飞临梅山时仪表发生扰动，就派部门来探，发现山下埋藏着大量铁矿。作为中国最重要的工业城市，60年代的上海面临"有钢无铁"的窘境，而南京梅山铁矿优越的条件，非常契合上海的需要。于是1968年第一波上海人来到了梅山，从此这里成了上海的"飞地"。当时"一年出焦、一年出铁"的"梅山奇迹"传遍了全国。

沿着环山西路山坡,可以遥遥望见矿区里那栋标志性的蓝楼,以及"梅山矿业"四个大字。眼前壮观的景象,源于建设之初,来自江苏、上海共2万多人聚集南京梅山,在郊区这片荒芜的山乡,完成了建筑、交通和生产区域的土建任务。20世纪70年代,国内第一个整体制造、整体运输、整体吊装的高炉炉体在板桥炼铁厂安装成功。之后,梅钢人在此创造了一个又一个的奇迹。说起梅山铁矿名称的来历,还有段曲折的故事:梅山钢铁最早定名为"9424工程指挥部",在建厂不久后开始开矿。因为铁矿资源位于西善桥,当时曾计划将炼铁厂建在附近的铁心桥,缺点是离长江太远,最后改在了靠近长江的板桥,起初取名为"长江炼铁厂"。而梅山铁矿也同样曲折,先后取过"戴山铁矿""泰山铁矿"之名,后均被否决,最后因为附近有个"梅山村"而取名"梅山铁矿"。1969年,梅山工程指挥部成立,当天是4月24日,所以梅钢又被称为"9424"。后来厂矿合并,民间就把两地都叫"9424"。

梅山矿区的工业厂房各式各样，有高有低，有方有圆，可说是城市中一个特殊的存在。西善桥是南京的一块宝地，其东南方的丘陵在历史上被称作"罐子山"，被南京人戏称为倒扣地底的"紫金山"，也是国内距离大城市最近的大型矿山，矿脉层深达三四百米以上，矿石储量巨大，含铁量高。当地流传这样一个故事：大约200多年前，明末清初，战祸不断，百姓流离失所，安徽徽州的曹氏兄弟来到南京西善的一处山凹处走不动了，忽听到有咯咯的野鸡叫声，只见眼前出现了五彩斑斓的雄性野鸡与一条丈余长的大蛇格斗。曹家大哥眼前一亮，这是凤凰和地龙在争夺地盘啊！他意识到这是一块风水宝地。于是，曹氏兄弟在此砍树打柴，割草盖房。一天，大媳妇淘米做饭，揭开抹布惊呆了，是四个小鸡状的金元宝。从此，曹氏兄弟勤劳简朴，耕田种地，人丁兴旺起来。风雨沧桑，进入20世纪60年代，在"曹家凹"当年金鸡传说的地下深处，果然发现了大型铁矿。可谓：金鸡藏宝罐子山，龙凤呈祥风水地。

美化后的梅山铁矿区绿树葱葱、风光独特，小草铺设的高坡上，竖立着红色字牌"早日抢出梅山铁"，成为梅钢人的精神支柱。矿区内，至今保留着一座高高的大烟囱，红砖一层层由下而上砌筑，米黄色腰线，分割成一个个圆圈，格外好看。烟囱下，巨大的银色储备罐在阳光下反射出耀眼的光芒。各种粗细不一的管道，翻过围墙，架在空中，穿越道路，奔向远方。走在矿区的道路上，犹如进入了赛车游戏的场景中，耳边突然会响起一阵轰轰的赛车马达声。"9424"这个"钢铁大鳄"横空出世的同时，也给南京市民带来极大福音，促使南京"煤气化"进程插上腾飞的翅膀。记得20世纪70年代初，位于玄武湖内的11.5万立方米的巨型储气柜建成投入使用。至此，南京部分家庭率先用上了煤气灶。搜索资料了解到，在过去的35年里，南京三分之二的管道煤气都是由梅山的焦化炉生成提供的，总计达到3.45亿立方米。不得不说，西善桥给南京人民带来的贡献实在是多。

骑行过一个"S"形弯道后，接着是一个下坡。一组更加工业风的形似冷却塔的装置展现在眼前。只见矿区里各类矿业设施一座接一座，错综复杂，看得眼花缭乱，真没想到梅山矿区里有如此规模的工业遗存。经过40多年的建设，梅山矿业公司目前已成为具备年采选综合生产能力400万吨生产规模，非矿产业产值约占总产值四分之一的国有大型矿业企业。据了解，中国的铁矿山中露天开采居多，比如辽宁鞍山拥有亚洲最深的露天铁矿大孤山铁矿。目前，我国部分铁矿山面临由露天转入地下开采，而南京西善桥的梅山铁矿则一直是地下开采。按照常规一般矿产在挖掘过程中，每挖空一层矿石，作业面就塌陷一层。为此，梅山人发明了一种先进的施工方法，逐层进行缓慢的自然塌陷。这样，既不影响开采施工，又使得塌陷过程井然有序。有识之士提出：将来梅山矿业转型后，此地打造成影视基地"9424电影工业园+矿坑公园"，并与秦淮新河风光带相融合，文旅前景不可估量。

幸福岱山

骑车从205国道驶上高架，一转弯便被眼前的高楼所惊叹，右手边成片的高楼已经住满人家，左手边四大商业新楼盘也即将交付。路口花坛旁，母女俩信步走来。小女孩望着花园里立着的"理想教育小镇"六个红色大字，笑容绽放。岱山新城是秦淮新河以南生态旅游版图中的重要地带，又是梅山矿区转型发展的重要区域，近年来吸引了很多新住户。作为南京四大保障房片区之一的岱山，10多年前还是郊野乡村，如今已是高楼林立、商业繁荣、生活方便、交通发达、文旅昌盛。不仅城里的拆迁户愿意来此居住，一些外地人原以为搬到保障房片区，肯定又偏又远脏乱差，谁知一来岱山，就爱上了这里。岱山居民喜欢以"幸福三圈"来形容这里的居住环境：5分钟商业配套圈，10分钟文化体育圈，15分钟健康服务圈。闲暇时，还可以去爬爬岱山，看看风景，呼吸下清新的空气，然后去山下观赏下"名人名园"书法碑刻文化墙。一个好的宜居环境既要让人住得舒心，更能满足群体个性化需求。

岱山东接牛首山，北临秦淮河，西靠长江，南与蒋白山、白头山遥遥相望。据说从空中俯瞰，结果令人称奇：岱山、韩府山、牛首山、祖堂山、吉山整体看起来，竟是一幅栩栩如生的奔跑麒麟图。自然地理风貌与历史文化底蕴让岱山成为南京城南发展的一片热土。位于岱山北路中段有一幢高楼十分显眼，外形设计现代且大胆，四四方方，幕墙为细密的网格状，远看朦朦胧胧，近看节奏鲜明。高楼顶端设计了一条凹档的玻璃窗，形似一个瞭望眼。良好的发展环境吸引了众多科创企业和人才队伍。2019年岁末，西善桥街道的"520青创空间"在岱山善创文化商务楼11楼开园，13家科技型小微企业入驻，3000多平方米时尚活力的办公空间内，有开放式工位，有茶水吧、路演大厅、健身房，组成了活力四射的青创空间，引来了一批年轻有为的创业者。成都止一堂文创公司也慕名而来，在此注册了分公司，推出了"南京先生"系列文创产品，将文创、文旅、康养有机结合，形成了独有的地方文化品牌，影响力日益攀升。

如今，许多年轻人选择创业在岱山、居住在岱山。走进西善桥岱山，视野一下子开阔起来。岱山实际是一座完整的卫星城，内部路网非常规整，道路、建筑、环境的整体面貌可圈可点，区域内各种商业配套一应俱全，尤其是餐饮业遍布各个道路街口。而奔波在路上的外卖小哥也成为一道美丽的风景线。他们每天骑着电动车，送完一餐又一餐，欣赏着岱山的四季美景，感受着岱山人的喜怒哀乐。你看，画中这群青年外卖员，他们有的戴着头盔在等餐、有的拿着手机在查阅单据、有的在给客户打电话、有的在聊着业务。尽管天气很冷，但他们个个精神饱满，将快乐写在脸上、勤劳写在手上、坚持写在腿上。小哥说：写字楼里的人忙，没时间上街吃饭，我们就送到位，替他们节约时间。其实不仅仅因为这里的生活配套齐全、城市面貌崭新，街道还为岱山新移民提供了保姆式服务，除了免办公空间租金、补贴人才租房支出外，还从帮助寻找客户、参与科技研发等方面提供"智力帮扶"，让这些年轻的创业者，少了许多生活的后顾之忧。

今日的岱山新城，高楼林立，道路宽阔，车水马龙。文化广场、最美书店，迎街而立，一片繁华景象。细心的路人会发现，这里的一些街道路牌上却标注着村落的名字：梅山村路、夏家村路、单家村路、白家凹街……是的，历史上这里曾经是一个个小小的村落，有许多小山丘，还有许多池塘。人们之所以要以这些村落的名字来命名道路，一定是想留住历史的记忆。我们从七旬老人张大明创作的长篇小说《家世》中，能够读到这里曾经发生的许多动人故事。对大多数人来讲，生活的本质，就是手执烟火以谋生，过寻常的日子，世世代代皆如此。往事如烟，现在的岱山早已今非昔比。多元的文化建设，促成了西善社会和谐，这里的人礼乐交融、互助互济。走过每一个街角，你都能感受到人间的温暖。外卖小哥，闲暇之余也在用手机阅读着西善桥的历史，丰富着自身的文化修养。如今，岱山东路北延大桥已经顺利通车，岱山新城与河西南部真正融为一体，小哥们奔跑的半径正在不断地扩大。

10年前，建设启动后，岱山从郊野地块，变身南京最大的保障性住房片区，一座生活、交通、教育、休闲等配套齐全的新城拔地而起。站在街上，你根本分不清这是在市中心，还是在城郊，你会被眼前的风景刷新以往的认知，会情不自禁地拿出手机拍照。据了解，岱山保障房共有3.2万套住房，是南京四大保障房中规模最大的一处。2015年建成时，仅岱山中路沿线就配备了约10万平方米的集中商业区，银行网点、中国移动、中国联通、中国电信、餐饮店、烘焙屋、药房，以及大型超市、菜场、经济型酒店等全面进入，为居民提供衣食住行各种服务。事实证明，紧挨着保障房区域生活，幸福指数一定会很高。由于保障房片区是人口聚集地，交通和基础商业都能够快速崛起，尤其是一些基本生活配套，如菜场、超市、餐饮店和五金店铺等都吸纳了大量的保障房居住人群就业。毫不夸张地说：河西南很多居民业主们点的外卖大都是从岱山新城送过去的。

闲情逸致和个性彰显的慢生活一直是都市人向往的生活方式，正所谓一杯咖啡一本书、一盏甜点一份生活态度。生活配套齐全了，人们自然会想到精神追求。2018年，有着"江苏最美书店"美誉的初见知旅共同体开始大胆尝试，主动奔赴乡镇街道，回到读书的初心，这正契合了西善桥街道构建"理想教育小镇"的美好愿景；9月27日，初见知旅共同体在南京岱善润福城正式开业。2000多平方米的空间，使周边10多万岱山搬迁居民有了阅读的好去处。书籍、文创、展陈、社群、知旅、美学创思会等元素，串联起社区与学校、文化与生活的人文岱山。各类文艺展览、文化沙龙也为书店营造出别样的文化共享空间。2020年6月，初见知旅共同体成为南京市文联"深入生活、扎根人民"体验点。2021年8月，经江苏省文化和旅游厅公布，初见知旅共同体入选首批2021年度江苏省"最美公共文化空间"打造对象名单。2021年12月，初见知旅共同体经南京文学之都促进会授予，成为首批挂牌"世界文学之都地标网络"之一。

有人说，人生有三个学堂：亲朋、老师和书本。一个国家、一个民族的阅读决定了其精神力量，而国民阅读时间及数量是衡量一个国家国民精神幸福指数高低的重要数据。然而令人揪心的是：纸质阅读群体数量正在快速滑坡，形势不容乐观。根据联合国教科文组织的统计显示：北欧国家国民每年读书24本左右，美国人年均阅读7本书，韩国人年均阅读11本书，日本、法国国民每年读书量为8.4本左右，中国国民人均读书量只有5本。在电子屏幕占领视线的时代，我们必须尊重并满足深度纸质阅读的需要，让阅读成为小镇的一种生活方式。2021年，初见书房推出了"小镇阅读奖励计划"，吸引了众多读者积极踊跃参与。如今，在设计简朴、环境优雅的初见书房里，每天都能看到三五成群的家庭带着孩子一起阅读、一起交流、一起分享阅读体会。据介绍，初见知旅共同体自2018年开业以来，已举办了"在文学之都与文学大家面对面"等阅读分享活动20多场，"名家·名著·名票藏书票展"等几十场艺术展览。

岱山新城里有许多幼儿园，外观风格迥然不同，位于岱山北路上的岱山第一幼儿园，趣味十足的"蜂窝"游乐设施格外引人注目。设计者希望孩子们要像蜂蜜那样团结互助，孩子们在这样的空间里成长，幸福感一定很强。此时，一位奶奶或是外婆牵着小姑娘的手走来，路过周村街口，绿灯亮了，她们踏实地过着斑马线，身后围墙上挂着的红色标语"想安全事，上安全岗，做安全员"，时刻提醒执勤人员，让人看了很暖心。近年来，西善桥街道通过引进优质教育资源，提升教育公共服务，打造成一个从学生到家长、从少年到老年、从本地人到外来人口在内，人人享有高质量教育公共服务的"理想教育小镇"。在把孩子教育好、把家庭建设好、把社会治理好"三好"目标指引下，开办"向善家长学校"和"全民志愿活动"，以"小手牵大手"反哺式教育，社会整体风貌焕然一新。今天，西善"岱山模式"已经成为业内公认的基层社会治理样板。2021年10月，西善的成功经验登上"长三角基层民主协商论坛"，这也是江苏唯一受邀的街道。

少年兴，则国兴；少年强，则国强。一座主题鲜明的立体字牌屹立在新落成的草坪上，"国防主题公园"六个立体大字十分醒目，旁边五架"战机"直冲云霄，为岱山新城增添了一抹红色。家长接孩子放学后，一起来到公园，观看国防教育展览，随后一起交流心得。打造有品质的国防主题公园，是拓展国防教育的有效途径，有助于触发心灵震撼和情感共鸣，从而激起担当强国强军的责任使命。为此，西善桥街道举办了国防教育体验展，孩子们现场聆听国防教育的感人故事，从不同时期、不同方面、不同层次了解我国国防建设、科技强军的伟大成就。孩子是祖国的花朵，也是祖国的希望，通过观展和体验，孩子们进一步了解了我国的国防知识和科技力量，感受到祖国的强大，提升了爱国情怀和国防意识。家长们介绍说：往年街道都会举办一些军营开放日活动，邀请武警官兵展示擒拿本领以及武器装备。军民同台文艺表演，让辖区居民与官兵之间增进了了解，也让孩子们能亲身体验一下军营文化。

"竹林七贤"花岗岩群雕已经成为西善桥一处靓丽的文化地标，雕塑坐落在岱山南路白家山名人铭园。绿色环抱中，向秀、阮咸、嵇康、山涛、阮籍、王戎、刘伶，七贤们依次排开，高低错落聚散有致，若高山流水之形，取曲水流觞之律。七贤们或坐或立，或抚琴或拊须，衣袂飘飘，神采俊逸，仿佛从画像砖里走出。这组雕塑取材1960年于南京西善桥宫山北麓南朝帝王陵墓中发现的《竹林七贤与荣启期》砖画。雕塑构思并未受出土砖画的人物形态和布局限制，舍弃了砖画中大量的背景植物和道具。七贤的"怪"与"异"被世人放大得太多了，传说中的放浪形骸只是他们外在的表象，实则每个人的品行都是以方正立于世间。"竹林七贤"群雕创作历时1年半，于2018年底落成，群雕重达100吨，是目前国内最大体量的七贤题材雕塑。群雕整体气势恢宏，背面环山，场域开阔，采光与欣赏角度的融合，都与周边环境相得益彰。群雕左前方立着一块长条状异形石块，这是寓意卧着的高士荣启期，此创意呼应了砖画中竹林七贤与荣启期的人物原型总数。

西善桥另一处有代表性的文化地标是"南京先生"。岱山北路与岱山西路交叉处历史上有个村落叫姚南村,如今这里建成了姚南石刻公园,园区内有一座高大的纪念碑,碑名为"南京先生纪念碑"。"南京先生"为何人?可能有许多人并不知晓。百年之前,台湾马祖岛北竿乡一带突发瘟疫,家住南京西善桥梅山村的江郎中,几经周折,历经艰难,辗转赶赴北竿乡,为当地民众祛除瘟疫、救民于危难之中。江郎中去世后,乡民感念其恩德,塑像奉祀,尊为"南京先生"。2011年,台湾马祖岛北竿乡居民代表来到雨花台区为"南京先生"寻根,后自筹善款在姚南石刻公园内设立"南京先生"纪念碑,以祭颂江郎中救死扶伤大善之德。一个博爱的灵魂,值得两岸人民深深铭记。"南京先生"是有代入感的人物,是一个动态的文化符号,给人以丰富的想象力。如今,街道与止一堂文创公司合作开发了以"南京先生"为核心的文创系列产品,一个极具地域特色的文化内容首次走上前台,弘扬南京"善"文化、打造南京"善"名片。

西善桥岱山一带，山峦起伏，风景秀丽，是南京重点地下文物埋藏区，六朝古墓众多。考古发掘了众多古代名将和贵族墓葬。1960年发现的西善桥宫山大墓、1961年发现的西善桥油坊村罐子山大墓都是帝陵级别的大墓，前者出土了南博的镇馆之宝"竹林七贤与荣启期"砖拼壁画。近十几年来，西善桥地区发现的从六朝到明代的古代墓葬超过百座，2011年建设保障房片区时，这一带发掘了六朝到明代的墓葬就多达30多座。2011年3月，一座近8米长、造型独特的东吴大墓在南京雨花台岱山附近被发掘。考古人员从出土的银簪子、银手镯判断，该墓主极有可能是一位贵妇。这也是自2010年底发现明代道教领袖刘渊然墓和航海侯张赫家族墓后，岱山地区又一个比较重要的考古发现。由于墓葬形似馒头，这种结构被考古专家称为"四边券进"式。据了解，西善桥地区不仅古墓众多，文化遗址数量也可观，有寺门口与太岗寺古文化遗址，以及黄家山古文化遗址等。

深秋过后，城市里的绿化工人开始忙碌起来，给树木刷白灰成了他们一项非常重要的工作。岱山的大小街道，都栽种有行道树，美化了市容，净化了空气，也给夏日带去了阴凉。南京的初冬比较干燥，阳光也很强烈，绿化工人们都戴着遮阳帽在工作，尤其是女子，个个将脸部包裹得严严实实，因为要在户外干一整天。她们顺着树干基部往上涂抹，大概刷到1.5米高。为什么要在初冬刷白灰呢？据绿化工人介绍：因为初冬温度比较低，白天通常在10℃左右，若是树皮是深色的，就会吸收光热，会提高树体内的热量；夜晚降温时，温度一般都在10℃以下，甚至会在0℃以下，树木的枝干因温差大而裂开，容易受冻。此时，给树木刷白灰能降低昼夜温差，避免树木开裂受冻，能起到保温防冻作用。冬季降温后病菌会藏在树木缝隙中，等来年春季温度回升后病菌开始活动，会危害树木。给树木刷白灰能将病菌杀死，能起到杀菌消毒的作用。对于各种虫害来说，白灰有毒性，刷白灰能降低虫害感染率，还可避免动物啃咬。

初冬，寒风吹来，落叶纷飞，又是一年落叶季。我骑行在岱山的慢车道上，能感受到刺骨的寒风，飘落的树叶有时也会落打到脸上。街道两边随风飘零的落叶，给原本洁净的路面，铺上了厚厚的一层"黄金甲"，虽然为我们城市的风景增添了无限的浪漫和诗意，却大大地加重了环卫工人的工作量。常常是刚刚扫干净的路面，一阵寒风呼啸而过，转眼又积满了树叶，有的落叶随风飞到了马路中间。环卫工人不得不加班加点，清扫再清扫，巡回保洁，然后把落叶聚拢成堆，及时清运。最难的是遇到下雨天，落叶黏附在地面上，清扫落叶的难度就更大了。除了清扫落叶外，他们还要及时清理路面的垃圾和杂物。平日我们很少关注这些马路清洁工，他们虽平凡，却也不平凡，他们默默地用行动诠释着什么叫"城市的美容师"。如果我们每一个人都能做到不乱扔杂物垃圾，一个小小的文明举动，就是对环卫工人的尊重和关爱。

2021年5月，西善桥街道举办了"首届西善民歌节暨第二届岱山新市集"，岱山中路南沿段及岱山南路中段，全部封闭为新市集举办地。彩色靓丽的大门跨街而过，鳞次栉比的摊点迎来摩肩接踵的人群。新市集摒弃过去活动中单一的食、游、购方式，加入"文、娱、展、演"等元素，突出赶集文化和城市记忆的新市集活动，既帮助本地居民找回了期盼已久的亲近场景，也吸引了周边市民慕名前往。来自南京社科院、高校、文史研究机构的大咖学者齐聚岱山，通过现场参观走访、论坛交流等形式，共同梳理西善桥地区"赶集文化"的发展脉络。新形式、新内容点亮了岱山新消费、新体验，让聚力发展文旅产业的西善桥街道找到了破局密钥。2022年6月，西善桥街道又举办了第三届岱山新市集，新市集嫁接传统庙会的形式获得巨大成功。早在2020年6月西善桥街道就大胆尝试，举办了第一届"新庙会"，吸引了10余万人次享受家门口的"饕餮盛宴"，创造了多项纪录。

岱山新市集着力表现当下的生活方式——集休闲、娱乐、购物、餐饮为一体，具有鲜明的区域特色。沿路搭建的长廊颇有新意，既传统又现代。70家餐饮小吃、50个"后备厢"、20多个文创产品和便民服务摊点，统一的招牌、整齐的摊位，一眼望去就很有档次。比如美食区域，正侧面及顶端以红色为主基调，寓意红红火火；南京博物院、六朝博物馆区域，以脸谱做造型，生动有趣；文创区域，今年主打疫情之下户外野营，强调绿色风格。居民们带着孩子来逛街，品尝富有特色的中西小吃，体验非遗项目，等天黑再欣赏文艺表演，这已经成为西善人的节庆常态。从与街道负责人的交流中，我能感受到：新市集拉动了消费，岱山夜市品牌逐渐打响，西善民歌文化和非物质文化遗产嵌入其中，引导区域文化氛围"向善向美"，这是西善的消费新场景，更是岱山居民乡愁记忆的"再现"。令人称赞的是：岱山新市集已基本实现市场化运作，而非政府支撑，无疑这是"岱山新市集"能打响品牌、长期发展的重要因素。

手打柠檬茶、提拉米苏、冷锅串串，还有衣服鞋帽、锅碗瓢盆等，一长溜私家车沿着路边一字排开。车主们，打开装满商品的后备厢，或大声叫卖，或认真展示，好一个热闹。画中这对年轻的男女，斜挎腰包，面带笑容，站在自己的车子两侧，打开的后备厢，里里外外堆满了各种长毛绒玩具，给集市带来了欢乐与喜庆。起源于岱山新市集、风靡南京的"后备厢"贸易，让寻常人也能体验创业的获得感。开辆车，备足货，对接熙熙攘攘的市集，西善桥"后备厢集市"的推出，不仅顺应了万众创业，也顺应了群众生活的时代需求，成为打开城市夜经济的新方式。

"后备厢集市"是地摊经济的新样态，具有机动性强、门槛和运营成本相对较低的优势，被称为"轻资产投资"，是促进消费型经济的重要内容。至此，人们创业、创收的渠道被打开，平台得以创新，塑造零售新品牌也将成为可能。与之呼应的是市民们有了更为丰富多元的休闲消费方式，城市更繁荣，产业更兴盛，市民更幸福。

后备厢集市的烟火气，吸引了不少市民。采风中观察发现，市集上的后备厢摊主绝大部分是"80后""90后"。与传统的地摊不同，年轻的后备厢摊主的加入，赋予后备厢经济时尚与新潮。这些年轻的后备厢摊主，更注重形象，他们精心打扮着自己的爱车，在车尾利用氛围灯、挂布、地毯、桌布等，打造独特个性，营造浪漫氛围，以便更能吸引顾客。有的摊主拿着手机直播，他们绝大部分都有自己的小红书和抖音账号，通过线上引流来打卡的网友，成为他们的重要客源。有的摊主不指望一天半会儿能赚多少钱，他们有自己的工作室，出来摆摊是为了吸引顾客，让更多的人关注自己。年轻的摊主希望吸引更多的年轻人，有的把投影仪搬到了现场，孩子们一边吃零食、一边看动画片，相互交着朋友。有些摊主则喜欢展示自制的特色手工艺品，如小饰品、小挂件、小摆件、小插画等，迎合年轻人的品位。

人山人海，民乐悠扬，美味萦绕。男女老少穿梭流转在不同主题的摊位前，吃串、拍照、直播、欢笑，共享新市集带来的快乐。喧闹中也有一份宁静，如挑选文创水杯、试穿汉服、观看"六朝文物绘"作品图片展、欣赏茶礼香艺表演，让市集既热闹又不失文化底蕴。中国素有"礼仪之邦"的美誉，自古以来就有客来敬茶、以茶待客、以茶为敬的传统。现场，几位身穿汉服的姑娘们，给前来参加活动的市民、小朋友们上了一堂别开生面的非遗公开课，讲授茶的制作技艺相关知识。随后，小茶艺师们还进行了茶艺表演，带领大家感受茶礼仪，以及冲泡技巧。现场的参与者在传承人的指导下还亲自体验了一把如何泡出一杯好茶。画中小女孩看得津津有味，身后的妈妈也看得聚精会神。市民和小朋友们不仅了解了茶的历史、产地、特点及制作技艺，还亲身感受了西善雨花茶独特的味道，可谓收获良多。

岱山新市集文艺表演精彩纷呈，30多个节目激起了观众的极大兴趣。富有民俗特色的舞龙队伍舞动在舞台上下，把整场演出推向了高潮。场上，昂首抬头的大龙跟着绣球做各种动作，穿插中不断地展示扭、挥、仰、跪、跳、摇等姿势，表达了人们祈求平安的祝福方式。舞龙表演不仅吸引了现场观众的眼光，也震撼了舞台背后的100多栋高楼。这个可容纳12万保障群体为主的新城，如何进行社会治理，曾经给管理者带来了巨大的压力。为满足人民群众日益增长的精神文化需求，西善桥街道不断探索。从数年前倡导各社区成立百人文体队伍，鼓励居民走出家门、走进社区、走向广场，由陌生人变熟人，由熟人变亲人始，以建设理想教育小镇为方向，借教育提升治理效能，实现全人群、全年龄段覆盖，促进居民全面发展的系列举措便在岱山推行。连续三年的打造，新市集将"赶集"这种即将消失的民俗经济方式，在岱山新城得到传承和发展，成为文旅产业鲜明的地方标识。

采风线路图

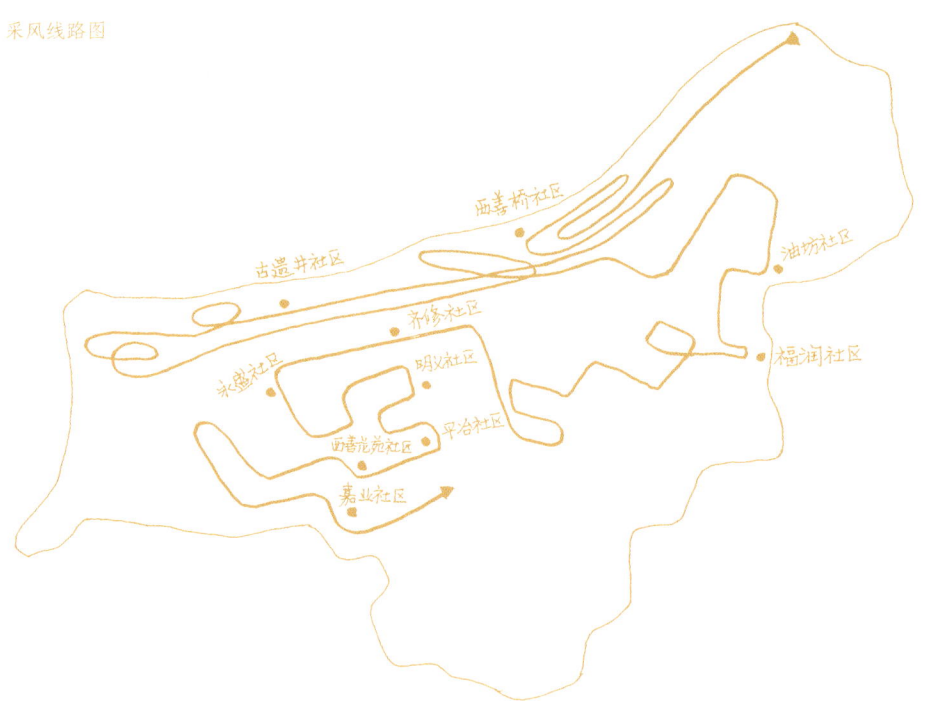

蔡 震

新华报业传媒集团《扬子晚报》文化新闻部原首席编辑。高级记者，高级工艺美术师。中国工艺美术学会会员，江苏省作家协会会员，江苏省美术家协会省直分会会员，江苏省新闻美术家协会副秘书长，南京市美术家协会会员。从事文化新闻工作近30年，发表作家专访、文博考古、书籍评论等相关报道近300万字，著有《梧桐树下·南京民国建筑风情》等书籍，策划编辑图书《武夫当国（5卷本）》《乡痛》等10余部。美术作品多次参加全国和省市各类美展，水墨人物画《炫色》获全国南北方水墨画大展二等奖，《船娘》获江苏省新闻书画大展一等奖。

图书在版编目（CIP）数据

画说西善 / 蔡震绘著. -- 南京：江苏凤凰美术出版社, 2022.11
 ISBN 978-7-5741-0384-9

Ⅰ.①画… Ⅱ.①蔡… Ⅲ.①南京－概况－画册 Ⅳ.①K925.31-64

中国版本图书馆CIP数据核字（2022）第220045号

责任编辑　曹智滔
装帧设计　周伟伟
责任校对　吕猛进
责任监印　生　嫄

书　　名	画说西善
绘　　著	蔡　震
出版发行	江苏凤凰美术出版社（南京市湖南路1号　邮编：210009）
制　　版	南京千万次平面设计有限公司
印　　刷	苏州市越洋印刷有限公司
开　　本	718mm×1000mm　1/16
印　　张	18.5
版　　次	2022年11月第1版　2022年11月第1次印刷
标准书号	ISBN 978-7-5741-0384-9
定　　价	128.00元

营销部电话　025-68155675　营销部地址　南京市湖南路1号

江苏凤凰美术出版社图书凡印装错误可向承印厂调换

芦苇草在清凌凌的河水衬托下，在阳光的照耀下，欢快地跳起了舞蹈，伏倒在台那挣扎的样子令人欢呼。走向乡村周围大自然中去观赏，芦苇以磅礴浩瀚的气势充斥田野里，芦苇色金黄，让人惊讶，不敢相信大自然竟能造出如此一番景象。微风袭来，金浪起伏，飒飒之声委婉抒情，玲人心旷神怡。

沿340省道继续向前，与沇城公路交叉路口处建有一绿地也园，名为进士公园。园内有一处景观雕塑——古道驿风。雕塑采取以人物化的场景、以"井"字"旗杆"马驼为元素，呈现为"古道西风瘦马"的抒情画意。

"古道驿风"雕塑取材地域文化，营造了一件穿越时空感，敢于穿越到古代中国的著名的"新安"离别地……

盆山新城基本推新设小南边这块城板图中心更繁华些，又是盆山新区轴心发展的重要区域，近年来吸引了很多新住户，作为南京重大保障房片区之一的盆山，捻年前还是郊野乡村，如今已是高楼林立，尚业繁荣，生活规范，交通发达，人流昌盛。2发微笑自探达夕阳斑末民居地，...

今天，漫步在新建的西善桥大桥下，听着风声和涛声，看着河岸垂钓人，心情荡漾，思绪万千。历史上西善桥确有一座古桥，但原桥已毁，年代已无从考证。1978年开挖秦淮新河时重建新桥，后扩建成现在的西善桥大桥。

在中国古代，历来人们把修桥筑路看成是最美的行善积德之举。现在的秦淮新河河心航道古时原称"新林浦"。